AF397961

Franz Müller-Wendling

DAS LAND AM VULKAN

**Die Leiden eines kleinen Landes
durch einen Völkermord**

novum pro

© 2025 novum publishing gmbh
Rathausgasse 73, A-7311 Neckenmarkt
office@novumverlag.com

2. Auflage
ISBN 978-3-99131-188-1
Lektorat: Volker Wieckhorst
Umschlagfotos:
Smileus, Szefei | Dreamstime.com
Umschlaggestaltung, Layout & Satz:
novum Verlag
Innenabbildungen:
Franz Müller-Wendling

Die vom Autor zur Verfügung gestellten
Abbildungen wurden in der bestmög-
lichen Qualität gedruckt.

Gedruckt in der Europäischen Union
auf umweltfreundlichem, chlor- und
säurefrei gebleichtem Papier.

www.novumverlag.com

Bibliografische Information
der Deutschen Nationalbibliothek:

Die Deutsche Nationalbibliothek
verzeichnet diese Publikation in
der Deutschen Nationalbibliografie.
Detaillierte bibliografische Daten
sind im Internet über
http://www.d-nb.de abrufbar.

Alle Rechte der Verbreitung,
auch durch Film, Funk und Fernsehen,
fotomechanische Wiedergabe,
Tonträger, elektronische Datenträger
und auszugsweisen Nachdruck,
sind vorbehalten.

Der in diesem Werk abgedruckte
Inhalt gibt ausschließlich die Ansicht
und Meinung des Autors wieder.
Für die Richtigkeit, Vollständigkeit
sowie rechtliche Unbedenklichkeit
der Inhalte übernimmt der Verlag
keine Gewähr und keine Haftung.

INHALTSVERZEICHNIS

AUFBRUCH NACH GOMA

Im August 1994 suchte der deutsche Zweig der internationalen Hilfsorganisation „Care" in allen deutschen Medien (Zeitungen, Rundfunk, Fernsehen) medizinische Fachkräfte zum Einsatz in einem riesigen Flüchtlingslager im Osten der Republik Kongo/Zaire in Zentralafrika. Die Ursachen des Konfliktes in diesem Land waren den meisten Fernsehzuschauern wenig oder gar nicht bekannt.

Nach einem furchtbaren Bürgerkriegsgemetzel in Ruanda und den darauffolgenden Flüchtlingsströmen hatte sich nach dem 20.Juli 1994 eine verheerende Choleraepidemie ausgebreitet. Nach wenigen Wochen waren tausende Opfer zu beklagen. Bilder und Filme von der grassierenden Epidemie erschreckten Fernsehzuschauer in der ganzen Welt, täglich sah man wie die Leichen mit Hubladern in Massengräber transportiert wurden.

Wenn auch die meisten Fernsehzuschauer durch tägliche Schreckensbilder, die andere Ursachen hatten, abgestumpft waren, so überstiegen doch die nun gezeigten Bilder aus den Flüchtlingslagern für die meisten Zuschauer alles Erträgliche. Landauf -landab stellte sich eine nie gekannte Welle von Hilfsbereitschaft ein, die sich aus dem Entsetzen über das Gesehene ergab. Wer die Möglichkeit hatte, zögerte nicht, Geld an eines der gezeigten Spendenkonten zu überweisen. Einige entschlossen sich aber dem Ruf von Hilfsorganisationen zu folgen und sich, wenn es die Lebensumstände erlaubte, nach Afrika aufzumachen.

Ich selbst fragte mich, ob es für mich einen wichtigen Grund gäbe, dem Hilferuf von CARE nicht zu folgen, und ich entschloss mich nach kurzem Überlegen zur Teilnahme an dieser Hilfsaktion.

Wenige Tage vor dem geplanten Reisetermin erreichten uns aus den afrikanischen Flüchtlingslagern noch Schreckensmeldungen von gewalttätigen Übergriffen von Lagerinsassen auf Helfer und von katastrophalen Arbeitsbedingungen vor Ort, so dass Einige, die zunächst fliegen wollten, ihre Bereitschaft widerriefen. Mein Entschluss stand aber fest, ich würde mit nach Afrika reisen.

Die Zeit zur Abreise war knapp, ich konnte mir noch die erforderliche Gelbfieberimpfung in der Universitätsklinik Essen geben lassen und mir ein Medikament zur Malariaprophylaxe besorgen.

Für weitere Impfungen, die ebenfalls notwendig gewesen wären, fehlte mir die Zeit.

Mein Sohn fuhr mich zum festgesetzten Zeitpunkt zum Flughafen Köln- Bonn. In der Abflughalle mussten wir Ärzte von uns noch ein Passfoto für die schriftliche Erlaubnis anfertigen lassen uns in der Republik Kongo ärztlich zu betätigen.

Bild von kongolesischer Ärztekammer

Zum Abschied umarmte ich meinen erwachsenen Sohn, der mir mit einiger Besorgnis noch alles Gute für den bevorstehenden Einsatz wünschte.

Die Art unseres voraussichtlichen Einsatzes in Afrika war ungenau und bruchstückhaft beschrieben, wie in der Kürze unserer Vorbereitungszeit kaum anders zu erwarten. Im Flugzeug nach Goma erhielten wir in wenigen DIN-A 4- Seiten Informationen über die wichtigsten Krankheiten, die in den Flüchtlingslagern zu erwarten waren. Es gab auch eine Liste von Medikamenten, die uns zur Behandlung zur Verfügung stehen würden.

Zu meiner Überraschung war ich als ärztlicher Leiter der Inneren Abteilung eines Krankenhauses vorgesehen, welches israelische Hilfsorganisationen vor ihrem Heimflug angeblich zurückgelassen hatten. Dass es diese Klinik gar nicht gab, konnten wir später vor Ort feststellen. Dies war eines der Beispiele für eine überstürzte Vorbereitung der Hilfsorganisation CARE, deren Leiter -so wie wir später feststellen mussten – mit der genauen Planung eines Einsatzes dieser Größenordnung überfordert war.

Umso erstaunlicher war es, dass wir vor Ort an einem unserer Arbeitsplätze in der kurzen Zeit unseres Einsatzes eine halbwegs zufriedenstellende Arbeit geleistet haben.

Ich werde zunächst die Ereignisse schildern, die unmittelbar den Genozid ausgelöst haben.

DER BEGINN DES GENOZIDS APRIL 1994

Am Abend des 6. April 1994 befand sich gegen 20Uhr30 in der Nähe des Internationalen Flughafens von Kigali das französische Dassault-Falcon 50 Flugzeug im Landanflug. Die Maschine war ein Geschenk des französischen Präsident Mitterrand an die Regierung von Ruanda. Insassen waren neben der französischen Flugzeugbesatzung der ruandische Präsident Juvénal Habyarimana nebst seinem burundischen Amtskollegen Cyprien Ntaryamira.

Beide waren auf dem Weg zurück von Arusha in Tansania, wo Friedensverhandlungen zur Lösung des Konfliktes zwischen den Volksgruppen der Hutus und Tutsis in Ruanda stattgefunden hatten. Teilnehmer an den Verhandlungen waren neben den Präsidenten Habyarimana und Ntaryamira der ugandische Präsident Yoweri Museveni und sein tansanischer Kollege Ali Mwinyi. Habyarimana hatte seinem burundischen Kollegen einen Air-Lift angeboten, da die Falcon mit ihren Düsentriebwerken wesentlich schneller war als das propellergetriebene Flugzeug aus Burundi. Es war vorgesehen, dass Habyarimana in Kigali aussteigen würde, um seinem Kollegen den nur 25 Minuten währenden Weiterflug nach Bujumbura zu ermöglichen.

Wenige Minute vor der Landung wurde die Falcon 50 von 2 Bodenluftraketen getroffen und stürzte brennend auf das Grundstück des ruandischen Präsidenten Habyarimana in den Masaka-Hills ab. Es gab keine Überlebende.

Dies war der furchtbare Schluss- und Höhepunkt eines seit Jahren fortbestehenden Konfliktes zwischen den Bevölkerungsgruppen der Hutus und Tutsis. 3 Monate dauerte das Massaker, dem in diesen 100 Tagen zwischen 800 tausend und 1 Millionen Menschen das Leben kostete. Es war der traurige Rekord an Opfern, denn nirgendwo auf der Welt wurde in der Neuzeit in so kurzer Zeit eine derartige Masse an Menschen in einer Tötungsraserei umgebracht.

Lange Zeit wurde gerätselt und diskutiert, wer die Präsidentenmaschine abgeschossen hatte und warum dies geschehen war.

Tatsache ist, dass 1 Stunde nach dem Flugzeugabschuss die Interahamwe-Garden, welche als die Génocidaires angesehen wurden, in der Hauptstadt Kigali die ersten Straßensperren (roadblocks) einrichteten. Hier wurden alle zu Fuß oder mit einem Fahrzeug passierenden Ruander aufgefordert, ihren Personalausweis vorzuzeigen. Das Wort „Tutsi" bedeutete das Todesurteil für den/die Ausweisbesitzer.

Das Morden endete erst 3 Monate später, als die RPF des Generals Kagame die Hauptstadt Kigali einnahm.

Dies alles erfuhren wir in Einzelheiten erst, als wir uns bereits auf dem Weg nach Goma an Bord der ljuschin-Maschine befanden.

Wir waren auf dem Weg nach Afrika, um die furchtbare Cholera-Epidemie in den Flüchtlingslagern zu behandeln und -nach Möglichkeit- zu beseitigen.

Nach dem Sieg der RPF flohen die Menschen kopflos und in Panik aus dem Land, weil die Milizionäre das Gerücht verbreiteten, dass die xTruppen des Generals Kagame aus Rache alle Hutus umbringen würden.

Die Hutus flohen überwiegend in die Republik Kongo/Zaire. Dort bevölkerten sie die riesigen Flüchtlingslager, in denen diese furchtbare Choleraepidemie ausbrach.

Im Flugzeug nach Goma frischten die Ärzte ihre tropenmedizinischen Kenntnisse für die Behandlung der Cholera auf, obgleich die Epidemie bis zu unserem Eintreffen durch die kundige Intervention anderer Helfer bereits weitgehend beendet war.

Nachdem wir unser Ziel in Goma nach einem 12stündigen Flug erreicht hatten, trafen wir die Mannschaft noch an, welche wir ablösen mussten. Es schien, dass unsere Vorgänger erleichtert waren, dass sie endlich nach Hause fliegen konnten. Sie hielten uns Schilder vor das Gesicht, auf denen geschrieben stand : „don't care". Was heißen sollte, wir sollten besser nicht mit Care nach Goma fliegen. Sprechen konnten wir mit der Gruppe, die zurück nach Deutschland.

Die 4 Triebwerke der Iljuschin liefen auch während des kurzen Aufenthaltes der Maschine weiter, sodass jede Verständigung mit der Mannschaft, die wir ablösen sollten, unmöglich war.

Das Schulgebäude, welches man uns in Goma als Quartier zugewiesen hatte, war eine verlassenen Grundschule, die während der Sommerferien leer stand. In jedem der Klassenräume waren für uns 14 Feldbetten aufgestellt, unter denen wir unsere Gepäckstücke unterbringen konnten.

Unterhalb der Decke waren Seile aufgespannt, an denen die Moskitonetze hingen, 1 Netz für jedes Feldbett. Morgens um 7 Uhr war Wecken. Danach versammelten die Männer sich vor trog-ähnlichen Wasserbecken, um sich Oberkörper und Gesichter zu waschen, für die Frauen gab es einen seitlich gelegenen Raum mit Sichtschutzmatten.

Zum Frühstück aßen wir Toastbrot mit Marmelade zu Tee und Instant-Kaffee. Diejenigen, die hinauf zu den Flüchtlingslagern fahren wollten, verteilten sich auf die 6 weißen Geländewagen, die an den Türen das blaue Logo von Care trugen.

Das Gelände war durch 6 Meter hohe Eisenpforten verschlossen. Ob diese Eisentüren auch schon vorhanden waren, als noch die Schulkinder hier unterrichtet wurden, weiß ich nicht. Ganz sicher aber hatte die Zairische Regierung jetzt neuerdings zu unserem Schutz vor das Tor eine Handvoll uniformierter, mit Maschinenpistolen bewaffnete Soldaten kommandiert. Dass dieser Schutz nicht überflüssig war, konnten wir in den kommenden Wochen häufiger feststellen.

Gegen 8 Uhr verließ unsere Wagenkolonne unser Quartier und fuhr durch die Stadt Goma hinauf zu den Flüchtlingsquartieren. In der früheren Morgenstunde herrschte in Goma bereits ein lebhaftes Treiben. In der Marktstraße drängten sich die Kunden vor den zahlreichen Verkaufsständen. Die Verkäufer priesen mit lautem Rufen ihre Waren an, die Kunden trugen ihre Einkäufe in breiten Körben oder Schüsseln auf den Köpfen nach Hause, viele Frauen hatten ihre kleinen Kinder in Tüchern an ihren Rücken gewickelt. Wir sahen auf den Tischen ein reichhaltiges Angebot an allen möglichen Produkten. Fische aus dem Kivusee lagen neben Früchten, Gemüse und Backwaren, Metzgereiprodukte hingen neben oder über den Verkäufern und waren meistens mit Scharen von Fliegen übersät. Mit lautem Rufen wurde über den Preis verhandelt, Lachen und Schimpfen ertönte überall. Als die Menschen unsere Wagenkolonne entdeckten, ließ einen Augenblick lang der Lärm nach. Die Blicke, die unsere Fahrzeuge verfolgten, waren nicht immer freundlich, manchmal blickten die Menschen ärgerlich oder zuweilen auch wütend auf unsere Autos, denn die Anwesenheit der Flüchtlinge in den Lagen wurde von den Einwohnern von Goma keineswegs durchweg begrüßt. Über den Bürgerkrieg im Nachbarland waren nur die Wenigsten genau informiert. Häufiger betrachtete man die Flüchtlinge in den Lagern als Störenfriede, die sich ungerufen in ihrem Land breit machten und nicht selten auch in die Stadt hinunterkam, um hier zu stehlen. Die riesigen LKWs, die Trinkwasser für die Lager aus dem See tankten, stellten überdies eine Gefahr für die Passanten in den Straßen dar. Viele Einwohner von Goma waren auch der Überzeugung, dass die Hilfsorganisationen viel eher den armen Einwohnern von Goma helfen sollten als den Flüchtlingen in den Lagern.

Diese wurden nach Ansicht der Einwohner Gomas offenbar mit Hilfsgütern überschüttet, während man die Einwohner von Goma zu vergessen schien.

In der überbevölkerten Stadt mit ihren heruntergekommenen, ärmlichen Häusern herrschte oft eine eifersüchtige Abneigung gegenüber den Neuankömmlingen in den Lagern, die sich immer wieder in Gewaltausbrüchen entlud.

Wir ließen den Trubel der Marktstraße von Goma hinter uns und fuhren mit unseren Geländewagen hinauf über die mehrere Kilometer langen Serpentinen zu den Flüchtlingscamps. Ich saß neben dem Fahrer, auf der andren Seite kauerte die schweigsame junge Frauenärztin, die zu unserer Mannschaft gehörte. Der Fahrer war selbst vor wenigen Tagen aus Ruanda gekommen. Ich sprach mit ihm französisch, da er neben seiner Landessprache nur diese Sprache in dem frankophonen Ruanda beherrschte.

Goma liegt ungefähr 1° südlicher Breite am Rand der Virunga-Berge, dem Habitat der letzten Berggorilla-Population der Erde. In enger Nachbarschaft zu Goma befindet sich auch der 3400 Meter hohe Vulkan Nyiragongo, der zu den aktivsten Vulkanen Afrikas gehört.

In Europa erfuhr ich, dass der greise französische Präsident Mitterand in einem Interview behauptet hatte, die Bürgerkriegswirren in Afrika seien nur eines der üblichen Massaker auf diesem Kontinent, man kenne das ja bereits seit vielen Jahren. Der französische Historiker und Afrikakenner Gérard Prunier äußerte später seine Beschämung und Fassungslosigkeit über diese gefühllosen Äußerungen seines fast 80jährigen Präsidenten.

Die Mehrheit der Hutus sprach, neben ihrer Landessprache Kinyawanda, französisch. Die Soldaten der RPF, die aus dem nördlich gelegenen Uganda gekommen waren, sprachen hingegen englisch.

Dies 2-Sprachlichkeit stellte sich als weiteres Problem dar, denn die im Land befindlichen Franzosen mit ihrem Präsidenten Mitterand wollten auf keinen Fall, dass die Landessprache nicht weiter Französisch werden sollte.

Dieses Problem schilderte der französiche Historiker Gérard Prunier in seinem Buch „The Rwanda Crisis".

Er hatte dem französischen Präsidenten als Berater gedient.

Das Morden in Ruanda war in der Geschichte der Neuzeit beispiellos und wurde nur durch den Genozid der Deutschen an den Juden 50 Jahre zuvor übertroffen.

Während des Genozids befand sich ein Blauhelmkontingent der Vereinten Nationen unter der Leitung des kanadischen Generalleutnants Roméro Dallaire im Land. Er durfte auf Befehl des damaligen Uno-Generalsekretärs Boutros-Boutros Ghali in die Gefechte nicht einschreiten. Dies erschien dem Kanadier völlig unverständlich. Durch seine erzwungene Untätigkeit litt er deshalb in der Folgezeit an Depressionen und spielte sogar mit dem Gedanken, sich das Leben zu nehmen. Er hatte Jahre später seinen Zustand in seinem Buch „Shake Hands With The Devil" beschrieben. Nach seinen Erinnerungen hätte es damals völlig ausgereicht, das Massaker in Ruanda mit einer ausreichend bewaffneten Truppe von 4000 Blauhelmsoldaten sofort zu unterbinden.

Der damalige UNO-Generalsekretär, der Ägypter Boutros Boutros Ghali hat sich nach vielen Jahren für diese Fehlentscheidung entschuldigt, welche 1 Million Tutsis das Leben gekostet hatte.

Entschuldigt hat sich später auch der damalige amerikanische Präsident Bill Clinton, weil er in Ruanda jede militärische Intervention durch amerikanische Soldaten untersagt hatte. Die Amerikaner hatten im April 1993 ein für sie desaströses Gefecht mit somalischen Rebellengruppen ausgefochten, bei dem 19 amerikanische Soldaten (neben 1000 Somaliern) ihr leben verloren.

Der auf Tatsachen beruhende Film „Black Hawk Down" schildert diese dramatischen Ereignisse. Der amerikanische Präsident wollte danach kein zweites afrikanisches Abenteuer erleben.

FAHRT ZU DEN LAGERN

Die schmale, gut asphaltierte Straße zog sich in endlosen Serpentinen von der Stadt Goma den Hügel hinauf zu den riesigen Flüchtlingscamps. Buschwerk säumte den Weg, zu beiden Seiten neben der Straße lag Bimssteingeröll als Erinnerung an einen der letzten Ausbrüche des tückischen Nyiragongo.

Der letzte Ausbruch des 3400 Meter hohen Vulkans lag zur damaligen Zeit 17 Jahre zurück und hatte 600 Menschenleben gefordert.

Abends sahen wir nach Einbruch der Dunkelheit von unserem Quartier aus die hundert Meter hohe Feuersäule über dem Kratermund. Ihr heller Schein ließ die Sterne der Tropennacht verblassen.

In den Flüchtlingslagern

Während wir uns dem Hochplateau näherten, auf dem die Organisation UNHCR der Vereinten Nationen ein riesiges Flüchtlingslager errichtet hatte, kamen uns von oben in zunehmender Zahl Flüchtlinge entgegen, die mit Macheten links und rechts der Straße Bäume und Buschwerk abholzten, um damit ihre kleinen Hütten in den Lagern zu errichten. Diese wurden anschließend mit den blauen Planen des UNHCR als Schutz gegen den Regen abgedeckt.

Bevor wir unseren Arbeitsplatz erreichten, passierten wir die unzähligen Niederlassungen von Hilfsorganisationen aus aller Welt, von denen die meisten von ihren Regierungen geschickt worden waren. Es war ein buntes Gemisch von Ambulanzen und kleinen Krankenstationen, die rasch seitlich der ansteigenden Straße aufgebaut waren und die in ihrer

Buntheit an eine orientalische Bazar-Straße erinnerten. Die Ansammlung von bunten Zelten und behelfsmäßig aufgebauten Hütten hinter Holzzäunen und Drähten wirkte auf mich deplatziert angesichts der Massen von Flüchtlingen in ihren Elendsquartieren.

Wir bogen mit unserem Geländewagen nach rechts in einen schmalen, mit Schottersteinen notdürftig befestigten Weg ein, der gerade breit genug war, um Platz für unser wuchtiges Fahrzeug zu lassen. Zu beiden Seiten schauten wir in die engen, an manchen Tagen knöcheltief unter Wasser stehenden Gässchen hinein, in denen Menschen gingen und standen und Kinder in dem knöcheltiefen Schlamm spielten. Es war für uns schwer zu begreifen, dass man an diesen Orten länger als einen Tag leben konnte. Hinzu kam ein unerträglicher Gestank, der den Vorüberfahrenden in die Nasen stieg.

Nach einigen Hundert Metern erreichten wir unsere kleine Ambulanz, die wir uns selbst aufgebaut hatten, nicht ohne wütenden Protest der UNHCR-Leitung, denn Care hatte unser Kommen nicht angekündigt. Care behauptete allerdings, wir seien direkt von der Zairischen Regierung eingeladen worden, deshalb sei für uns auch kein Arbeitsplatz reserviert worden. Für die Behauptung von Care sprach allerdings, dass unsere Unterkunft in der leerstehenden Grundschule von bis an die Zähne bewaffneten Zairischen Soldaten geschützt wurde.

CARE
CARE
EUTSCHLAND e.V.

IN DEN LAGERN

Jedem Morgen trafen wir gegen halb neun Uhr in unserer kleinen Ambulanz ein. 3 Tische und zahlreiche Stühle standen unter einer Zeltplane, Patienten, die liegend untersucht werden mussten, wurden auf die Ladefläche eines unserer Geländewagen gebracht. Auf den Tischen lagen die Medikamente und weitere medizinische Utensilien wie Mundspatel, Taschenlampen, Gummihandschuhe, Ohrenspiegel und Stethoskope. Jeder Arzt arbeitete zusammen mit einer Krankenschwester und einem Dolmetscher. Wir hatten insgesamt 5 Ärzte, darunter war ein Internist, eine Chirurgin, eine Gynäkologin und 2 Kinderärzte.

Die große Regenzeit war eigentlich seit Ende Mai in diesem Teil des tropischen Afrikas vorüber, aber dennoch ergoss sich alle paar Tage ein heftiger Regenguss aus tiefdunklen Wolken und setzte das Lager knöcheltief unter Wasser. Bei Regen standen die Menschen vor ihren Hütten knöcheltief im Wasser. Manchmal verdunkelte sich der Himmel so rasch, bevor der tropische Regen mit Macht herniederprasselte, dass ängstliche Krankenschwestern aus unserem Team einen neuen Ausbruch des Vulkans befürchteten, der drohend in Sichtweite auf uns herniederblickte. Zum Wasserholen mussten die Flüchtlinge mit Plastikkanistern zu dem riesigen Wassertank laufen, der ungefähr in einer Entfernung von 200 Metern von unserer Ambulanz aufgestellt war. Vor den Zapfstellen bildeten sich den ganzen Tag über lange Schlangen von Wartenden, die mit den Wasserkanistern, die sie geschickt auf ihren Köpfen balancierten, zurück in ihre Hütten liefen. Der große Wassertank wurde mehrmals täglich mit Tanklastwagen aufgefüllt, die aus der Umgebung von Goma bergauf in die Lager fuhren. Toiletten für die Flüchtlinge gab es nicht, sie mussten Ihre Notdurft auf der anderen Seite der Straße zwischen den Baumstümpfen, die nach Abholzen der dünnen Stämme von Bäumen und Büschen stehen geblieben waren, verrichten.

Unsere Kinderärztinnen

Jeden Morgen erwarteten uns lange Patientenschlangen, die von Hilfskräften auf die Arbeitsplätze der Ärzte aufgeteilt wurden. Die längste Schlange stand immer vor den Tischen der Kinderärztinnen. Es waren 2 ältere Damen, die sich ohne Pause mit Liebe und Geduld der kleinen Patienten annahmen, bis wir nachmittags gegen 16 Uhr zurück in die Stadt zu unserem Quartier fuhren. Mir bleibt eine rührende Szene im Gedächtnis, die ich von meinem Platz aus beobachten konnte. Eine der Kinderärztinnen hatte einen kleinen, unterernährten Jungen auf ihrem Schoß und fütterte ihn mit einem breiigen Nährstoffkonzentrat. Das hungrige Kind ließ sich bereitwillig den Löffel in den kleinen Mund schieben. Der betagten Dame liefen vor Rührung die Tränen die Wangen hinunter, während sie das Kind versorgte.

Beim Herauffahren aus der Stadt fuhren wir auch an den zahlreichen Behandlungsplätzen anderer Organisationen vorbei. Aber nirgendwo konnten wir einen derartigen Andrang sehen wie vor unserer Ambulanz.

Die verheerende Choleraepidemie war schon bei unserer Ankunft eingedämmt. Die Mehrzahl der Patienten, die uns zu uns kamen, litt unter Atemwegserkrankungen, was nicht verwunderlich war angesichts der beschriebenen Verhältnisse in dem Lager. Wir hatten ein beschränktes Sortiment von Medikamenten, die den Patienten abgezählt in die Hände gegeben wurden. Dazu ließen wir ihnen immer einen kurzen Behandlungsplan von einem unserer Dolmetscher aushändigen. Manchmal erfuhren wir, dass mit unseren Tabletten in dem Lager schwunghafte Tauschgeschäfte betrieben wurden. Am begehrtesten waren angeblich halb durchsichtige Kapseln, in denen winzige Kügelchen hin- und her rollten. Ihnen wurden magische Kräfte zugeschrieben.

Nicht selten hielt ich es für dringend erforderlich, dass ein Kranker zu einer Röntgenuntersuchung mit einem unserer Wagen in die Stadt gebracht wurde. Dies war insbesondere dann notwendig, wenn ich nach meiner Untersuchung den Verdacht auf eine Lungentuberkulose hatte. Diese Vermutung lag auch deshalb nicht fern, weil just zu jener Zeit die HIV-Erkrankungen sich in diesem Teil Afrikas auszubreiten begannen. Diese Patienten sah ich meistens nicht wieder, weil sie gewöhnlich im Krankenhaus der Stadt weiterbehandelt wurden.

Ein Schlangenbiss

Unter der Menge der Patienten, die ich täglich zu untersuchen und zu behandeln hatte, sind mir nach den langen Jahren, die seitdem vergangen sind, noch Einzelne in Erinnerung geblieben. Eine vor Schmerz schreiende Frau wurde von 2 Männern zu uns getragen. Sie war von einer Schlange gebissen worden. Die Bissmarken waren am linken Unterschenkel zu sehen, der Angriff des Tieres lag erst wenige Minuten zurück. Natürlich konnte sie sich an Größe und Aussehen der Schlange nicht erinnern, aber 80 % der Schlangenbisse in dieser Busch- und Graslandschaft Afrikas stammen von einer Puffotter. Diese aggressiven Tiere liegen gewöhnlich versteckt am Boden und sind wegen ihrer Tarnfarben oft schwer zu entdecken. Der Biss ist immer schmerzhaft, manchmal auch tödlich. Schlangenbisse waren in Afrika nicht so häufig wie im indischen Subkontinent. Wie viele davon in Afrika tödlich ausgingen, war mir unbekannt. Wir verbanden die Wunde mit einer antibiotisch wirksamen Salbe und versorgten die Frau mit einem Schmerzmittel. Ich hatte nur wenig Hoffnung, dass in dem Krankenhaus der Stadt ein Schlangenserum vorhanden sein würde, ließ sie aber dennoch in die Klinik bringen.

Ich erinnere mich an den verzweifelten Telefonanruf aus einem anderen Flüchtlingscamp nicht weit von uns, in dem ein Arzt von einer schwarzen Mamba gebissen worden war. Dieses gefährlichste Reptil Afrikas wird zwischen 2.5 und 4 Meter lang, in die Enge getrieben ist es aggressiv und beißt oft mehrfach. Sein Biss ist immer tödlich, wenn kein Schlangenserum zur Verfügung steht. Wir hatten das rettende Serum nicht. Der Kollege wurde deshalb nach Nairobi geflogen, verstarb aber während des Transportes.

Ein kleiner, traumatisierter Junge

Nicht vergessen kann ich einen kleinen, etwa 12-jährigen Jungen, der in Begleitung einer Frau, die nicht seine Mutter war, zu uns gebracht wurde. Die Frau berichtete uns, sie habe den Jungen unterwegs aufgelesen, da er allein gewesen sei und einen hilflosen Eindruck auf sie gemacht habe. Er sei seit 1 Woche bei ihr und ihrer Familie, habe in der ganzen Zeit kein Wort gesprochen. Er habe gegessen, was man ihm angeboten hatte, weder sie noch jemand ihrer Familie hatte das Kind zuvor gesehen. Sie wisse nichts über seine Herkunft und kenne auch seinen Namen nicht. Der kleine Kerl stand stumm mit gesenktem Kopf vor mir, auf Fragen meines Dolmetschers nach Namen und Herkunft antwortete er nicht. Eine kurze körperliche Untersuchung ließ er ohne Reaktion über sich ergehen. Auf meine Frage nach seinen Eltern blickte er mich starr und wortlos an, um sofort wieder auf den Boden zu blicken. Ich fragte mich, was dem Kind in seinem Heimatland widerfahren war. Was hatte er erlebt, das ihn stumm gemacht hatte? Hatte er während des Genozids Dinge mitansehen müssen, die über sein kindliches Fassungsvermögen hinausgegangen waren, vielleicht sogar den gewaltsamen Tod seiner Eltern? Und hatte er niemanden gefunden, der ihm Trost und Hilfe geben konnte? Ich konnte nicht einmal mit ihm sprechen, weil er mich offenbar nicht verstand. Ich musste an meine eigenen Söhne denken, die mittlerweile etwas älter waren als dieser Knirps, der seine Sprachen verloren hatte. Ich erinnerte mich, dass sie in meine Arme geflüchtet sind, wenn sie etwas erschreckte und in Angst versetzt hatte. In wessen Arme konnte dieses Kind flüchten, als es von Angst überwältigt wurde? Seine einzige Antwort war vermutlich, starr und stumm und bewegungslos zu verharren, weil er sich nicht wehren konnte. Mir kam die Klage des Prometheus in den Sinn, die vor mehr als 200 Jahren von einem großen Dichter in Verse gegossen wurde: „Da ich ein Kind war, nicht wusste wo aus noch ein, kehrt ich mein verirrtes Auge zur Sonne, als wenn drüber wäre ein Ohr zu hören meine Klage, ein Herz wie meins, sich des Bedrängten zu erbarmen." Wer hatte die Klage des kleinen Jungen gehört? Ich stellte mir das hilflose, allein gelassene Kind vor, das durch die Grauen des Genozids stumm geworden war.

Wenn ich mehr Zeit für ihn gehabt hätte, dann hätte ich versucht, langsam und vorsichtig sein Vertrauen zu gewinnen und seine Erstarrung zu lösen. Aber meine Zeit hier hätte nicht ausgereicht, außerdem war ich kein Psychiater, und ich war überzeugt, dass es einer großen Erfahrung bedurft hätte, ihm zu helfen. Von meinem Dolmetscher erfuhr ich, dass es in der Klinik der Stadt einen Psychiater gab, der dem Kleinen vielleicht helfen konnte. Also ließen wir ihn hinunter in die Stadt bringen in der Hoffnung, dass ich die richtige Entscheidung getroffen hatte. Zum Abschied strich ich ihm vorsichtig über den Kopf, vielleicht konnte ich ihm so zeigen, dass wir es gut mit ihm meinten. Ich habe das Kind nie wiedergesehen. Aber an seine kleine Gestalt und die zum Boden geschlagenen Augen werde ich mich wohl immer erinnern.

Eine unerfreuliche Begegnung

Eine andere Begegnung in dem Lager hinterließ bei mir andere Gefühle. Noch lange danach kam der Zorn in mir zurück, den ich dabei empfunden hatte. In unserer Ambulanz erschien eines Tages ein elegant gekleideter Mann in dunklem Anzug, sein Auftreten war herrisch und überheblich. Er verlangte ohne Begründung, mit einem unserer Fahrzeuge in die Stadt gebracht zu werden, und zwar unverzüglich. Mein ruandischer Dolmetscher wirkte eingeschüchtert. Der Mann sprach einwandfrei

Französisch, er war es offenbar gewohnt, Befehle zu geben und war nicht auf Widersprüche gefasst. Ich starrte ihn böse an, meine Kiefern bissen aufeinander. In ruhigem Ton antwortete ich, dass unsere Fahrzeuge für den Transport von Kranken gedacht waren und wir kein Taxiunternehmen besäßen. Ich bat ihn, sich um eine andere Transportmöglichkeit zu kümmern.

Zunächst war er nicht bereit, meine Antwort hinzunehmen, sondern wies auf die besondere Dringlichkeit seiner Bitte hin. Als auch dies nichts fruchtete, begann er mich zu beleidigen. Ich beendete daraufhin die kurze Unterhaltung mit ihm und forderte ihn auf, uns bei unserer Arbeit nicht weiter zu stören. Er drehte sich schließlich auf dem Absatz um und verließ uns wütend und grußlos. Ich fühlte, dass in mir der Zorn noch bebte, als mein Dolmetscher leise sagte, der Mann würde bestimmt zurückkommen („il reviendra"). Mir war ein solcher Ausspruch bekannt, er stammte von dem amerikanischen General MacArthur, nachdem die Japaner ihm während des 2. Weltkrieges eine bittere Niederlage beigebracht hatten und er die Philippinen überstürzt verlassen musste. „I shall come back", sagte er im Zorn, und er hielt sein Versprechen.

Mich ließ die Drohung dieses Mannes kalt, und ich war sicher, dass ich diesem Kerl nicht hätte nachgeben dürfen. Ich war davon überzeugt, dass ich eine wichtige, vielleicht entscheidende Person des untergegangenen ruandischen Staates erlebt hatte, was meine Abneigung nur bestärkte. Er ist nicht zurückgekommen, ich habe ihn nicht wiedergesehen.

Unsere medizinische Ausstattung war dürftig. An Medikamenten hatten wir ein nicht mehr benutztes Malariamittel, das seine Wirksamkeit wegen längst aufgetretener Resistenz schon lange verloren hatte, weiterhin besaßen wir einige Antibiotika, ein Schmerzmittel und Infusionslösungen zum Flüssigkeitsersatz. Die Kinderärzte verfügten über Nährstoffkonzentrate, die sie gern an die oft unterernährten Kinder weitergegeben hatten. Diese beiden alten Damen hatten darüber hinaus auch noch speziell in der Pädiatrie bekannte Antibiotika. Die beiden hatten täglich den größten Andrang von Patienten zu verkraften. Sie verrichteten ihre Arbeit immer freundlich und gleichbleibend ruhig, blieben abends am längsten an ihrem Platz und ließen sich durch nichts, auch nicht durch gelegentliche Unruhe und Hektik, beirren.

Das schwer kranke Mädchen

Hinter dem Arbeitsplatz der Kinderärztinnen hatten wir ein 5 Meter breites und 3 Meter tiefes, grün bedachtes Zelt, in dem wir kurzfristig Patienten auf schmale Luftmatratzen hinlegen konnten. Nur einmal mussten wir diesen Platz als Freilufthospital benutzen. Ein etwa 14-jähriges Mädchen wurde mit seit einigen Tagen bestehenden blutigen Durchfällen von Mitgliedern ihrer Familie gebracht. Das Kind war sehr geschwächt, es hatte Fieber und Bauchschmerzen. Die Eltern hatten ihm Mineralwasser und Kokosmilch gegeben, gegessen hatte es seit Tagen nicht. Ich zog mir Handschuhe an und untersuchte den geblähten, druckschmerzhaften Leib. Hinweise auf eine Bauchfellentzündung fand ich nicht. Bisher hatte man noch keinen anderen Arzt konsultiert, Medikamente waren bislang nicht gegeben worden. Ich vermutete, dass das Kind an einer akuten Shigellose litt, bei uns in Deutschland „Ruhr" genannt. Ich begann damit, ihm eine antibiotikumhaltige Infusion anzulegen. Das Medikament, das das Mädchen erhielt, wurde überall zur Therapie schwerer entzündlicher Darmerkrankungen gegeben und galt als das Mittel der Wahl. Wegen des geschwächten Zustandes ließen wir die Kleine in unserem provisorischen Zeltlager über Nacht liegen, Angehörige würden die ganze Nacht über bei ihr wachen.

Das Mädchen wirkte am folgenden Morgen etwas gekräftigt, weniger hinfällig als bei seiner Ankunft, aber der Durchfall bestand weiter unverändert fort, auch das Fieber konnte nicht wesentlich gesenkt werden. Inzwischen war ein großer Teil seiner Familie erschienen, sie kümmerten sich liebevoll um die Kleine und versuchten sie abzulenken. Wir betrachteten die Situation mit Sorgen. Es gab in ihrer Umgebung niemanden sonst, der unter den gleichen Symptomen litt. Wir haben uns alle Mühe gegeben, ein Anstecken der Krankheit auf Personen ihrer Familie oder uns Pflegekräfte zu verhindern.

Ich hatte erfahren, dass sich in einer Entfernung von 1 Kilometer eine schwedische Krankenstation befand, die vermutlich besser, klinikähnlicher ausgestattet war als unsere Ambulanz. Ich ließ mich von einer ortskundigen Person begleiten und sprach mit den dortigen Ärzten. Ich erklärte ihnen den bisherigen Verlauf der Krankheit und unsere Behandlungsversuche. Ich bat die Kollegen, sich am nächsten Tag des Kindes anzunehmen, wenn sich bis dahin keine Besserung zeigen würde. So packten Schwester Claudia und ich das Kind am nächsten Morgen in eine Decke und trugen es abwechselnd durch die engen Gassen des Lagers zu den schwedischen Kollegen. Als man uns unterwegs mit dem Kind auf dem Arm vorbeilaufen sah, war das allgemeine Aufsehen natürlich groß. Wir wurden von allen Seiten überrascht und sprachlos angestarrt. Ich erklärte den Kollegen wieder den bisherigen Krankheitsverlauf und bedankte mich für ihr Verständnis und ihre Mithilfe. An den folgenden Tagen sahen wir täglich nach unserer Patientin und waren erleichtert, dass es ihr allmählich immer besser ging.

Eigene Erkrankungen

Trotz aller Vorsichtsmaßnahmen waren wir auch selbst einem beträchtlichen Ansteckungsrisiko ausgesetzt. Vorsorgliches Impfen vor unserer Einreise schützte uns nicht hinreichend. Besonders wir Ärzte waren gefährdet, weil wir den Patienten bei der Untersuchung besonders nahekamen. Trotz Gesichtsmasken und häufigem Händewaschen ließ sich das Ansteckungsrisiko nicht ganz beseitigen. Mit Abstand am häufigsten litten die Patienten an Erkrankungen der Atemwege. Husten war deshalb das mit Abstand häufigste Symptom. Nicht immer waren Antibiotika erforderlich. Oft verabreichten oder empfahlen wir auch Tees oder Fruchtsäfte. Durchfälle waren weiterhin sehr häufig, auch wenn die Choleraepidemie inzwischen beseitigt zu sein schien. In der 2. Woche erkrankte unsere junge Gynäkologin an so heftigen Diarrhoen, dass sie tagelang ihr Bett hüten musste und Infusionen zum Ausgleich eines drohenden Flüssigkeitsdefizits erhielt. Mich selbst erwischte in der zweiten Woche eine heftige Kehlkopf- und Stimmbandentzündung, sodass ich mich mit meiner Heiserkeit kaum noch verständlich machen konnte. Während unserer Abendbesprechung konnte ich zur allgemeinen Heiterkeit nur ein unverständliches Krächzen von mir geben.

Die Stadt Goma war mit dem riesigen Ansturm von Flüchtlingen überfordert. In der Stadt wimmelte es von ruandischen Flüchtlingen, die aus einem der zahlreichen Lager in der Umgebung immer wieder auch in die Stadt kamen. Natürlich führte das zu Aggressionen bei den Einwohnern, die auch sehr arm waren und nun den Eindruck hatten, sie müssten das Wenige, das sie besaßen, auch noch mit den Flüchtlingen, die sie nicht gerufen hatten, teilen. Die Aggressionen entluden sich manchmal sehr schnell und brutal bei fast jedem Zwischenfall, den man den Fremden anlasten wollte. An einer besonders brutalen Racheaktion waren Mitarbeiter von Care zugegen. Ein Dieb wurde nach einem Einbruch in ein Geschäft der Stadt während der zurückliegenden Nacht auf frischer Tat ertappt, er wurde von Anwohnern auf der Stelle gelyncht. Seine Leiche hängte man an einer mehrere Meter hohen Laterne auf, damit sie als Warnung von jedermann, besonders aber von den Fremdlingen aus den Lagen gesehen werden konnte.

Ein furchtbares Unglück in Goma

Schwere Tanklastwagen mit Frischwasser für die Flüchtlingslager auf dem Berg fuhren zum Missvergnügen der Einwohner ständig durch das Gewimmel von Menschenmassen in der Stadt, nachdem sie ihre Ladung am Kivusee aufgenommen hatten. Als einem LKW-Fahrer das furchtbare Unglück widerfuhr, ein kleines Kind zu überrollen, versammelte sich augenblicklich eine Menschenmenge um das Fahrzeug. Man holte den zu Tode erschrockenen Fahrer aus seiner Führerkabine, um ihn unter dem Gegröle der Menge augenblicklich umzubringen. Just in diesem Augenblick fuhr einer unserer Geländewagen mit 3 Ärzten an Bord am Ort des Geschehens vorbei. Als die 3 Insassen des Autos den Grund für die aufgeheizte Stimmung erkannt hatten, schlossen sie Türen und Fenster, um sich schleunigst zurück in unser Quartier zu flüchten. Unsere Unterkunft wurde von einer mehrere Meter hohen Stahltür gesichert, vor der schwer bewaffnete zairische Soldaten saßen. Die Ankömmlinge, unter denen sich der gegenwärtige Leiter unseres Einsatzes befand, riefen unverzüglich alle Care-Mitglieder, die sich in der Stadt oder in dem Flüchtlingslager befanden, zurück in unsere Unterkunft. Alle folgten der Aufforderung, ohne die genaue Ursache zu kennen. Nur die beiden alten Kinderärztinnen weigerten sich strikt und auch nach wiederholten Bitten, ihre kleinen Patienten zu verlassen. Abends mussten sie sich dafür schwere Vorwürfe anhören, die sie aber mit geduldigem Lächeln über sich ergehen ließen. Den Kollegen, die beinahe Zeugen des furchtbaren Unfalles geworden waren, wurde abends vorgeworfen, nicht aus dem Auto ausgestiegen zu sein, um Erste Hilfe zu leisten. Ich hielt diesen Vorwurf für haarsträubend, denn niemand konnte von den Ärzten verlangen, dass sie sich in der durch Aggression aufgeheizten Menge in Lebensgefahr begeben würden.

Der Tag unserer Abreise

Wir lebten in Goma in einer zurzeit verlassenen Grundschule.

Die Region war Hochrisikogebiet für Malaria tropica. Einmal wöchentlich schluckte jeder von uns 1 Tablette Mefloquin als Prophylaktikum gegen diese lebensgefährliche Tropenkrankheit. Wir erhielten Bundeswehrverpflegung, alkoholische Getränke konnten gekauft werden.

Unsere kleine Crew saß abends zusammen, nach dem Essen wurde gewöhnlich ein Glas Bier oder Wein getrunken. Der THW hatte Einrichtungen zur Dusche aufgebaut, die Wasserpumpen wurden mit Dieselgeneratoren betrieben.

Einmal während der ersten 2 Wochen unseres Aufenthaltes erschien ein in der Stadt Goma tätiger deutscher Metzger, der für die ganze Care-Mannschaft einen Grillabend veranstaltete. Hierbei wurde Musik von Einheimischen gespielt. Der Lärm der Veranstaltung lockte nach kurzer Zeit unsere französischen Nachbarn an, die bei der Organisation „Médecins sans Frontières" tätig waren und die mit großem „Hallo" begrüßt wurden. Wenn wir während unserer Arbeit in den Flüchtlingslagern auch sonst sehr wenig Schönes und Erbauliches erlebt hatten, so genossen wir doch diesen Abend min unseren französischen Freunden sehr.

Jeden Abend mussten wir beim Betreten des Geländes Hände und Schuhe desinfizieren. Die sanitären Verhältnisse waren katastrophal, aber wir waren bereit, bis zu unserer Abreise durchzuhalten. Wir kannten uns anfangs gegenseitig nicht, aber unsere kleine Mannschaft hatte ein entspanntes, freundschaftliches Verhältnis zueinander gefunden.

Der Tag unserer Abreise kam schnell, wir waren nach den zahlreichen, gemeinsam überstandenen Ereignissen traurig, dass die Zeit vorbei war. Die meisten würden sich nicht wiedersehen.

Früh morgens brachten uns die Pickups mit unserem Gepäck zum Flugplatz von Goma. Die meisten kehrten nach einem Einsatz von 2 Wochen nach Deutschland zurück. Die Köpfe waren voll mit Erinnerungen an eine Zeit, wie wir sie bisher noch nicht erlebt hatten und die wir trotz der kurzen Zeit niemals vergessen würden. Ich selbst konnte zum Zeitpunkt meiner Abreise damals nicht wissen, dass ich einige Jahre später wieder in diesen Teil Afrikas zurückkehren würde, um wieder hier in meinem Beruf zu arbeiten, aber dann in einer großen Klinik im Auftrag des Deutschen Entwicklungsdienstes. Die Ereignisse in den Flüchtlingslagern würden mir auch Jahre danach noch lebhaft in Erinnerung bleiben.

Die verzögerte Heimreise nach Deutschland

Die Iljuschin, die uns zurück nach Köln bringen sollte, war noch nicht da. Es dauerte noch 1 Stunde, bis der riesige Vogel einschwebte, dessen 4 Triebwerke wieder den Höllenlärm veranstalteten, der jede Verständigung unmöglich machte. Eine neue Mannschaft kam die Gangway herunter. Die Anspannung und ängstliche Erwartung dessen, was auf sie zukommen würde, konnte man ihren Gesichtern ablesen. Gern hätten wir uns ausführlich mit unseren Nachfolgern unterhalten, wenn die Triebwerke des Flugzeugs, das ermöglicht hätten. Wir warteten nun stattdessen auf unsere Pässe, die auf den Schreibtischen vor den Grenzbeamten aufgestapelt waren. Diese weigerten sich zunächst, in jeden der Pässe den üblichen Ausreisestempel zu drücken, da sie pro Reisepass eine Sondergebühr von unserem mitfliegenden Chef von „Care Deutschland" verlangten. Natürlich gab es dafür keine rechtliche Grundlage, aber so schien der Brauch in diesem Land und auch in vielen anderen Ländern Afrikas zu sein. Es gab auch Niemanden, bei dem wir uns über das Verhalten der kongolesischen Grenzpolizisten beschweren konnten. Ein Anruf bei dem damaligen Präsidenten Mobutu Sese Seko, dem Champion aller afrikanischen Diebe, der bis zu seinem Tod im Jahre 1997 den reichen Kongo ausgeraubt hatte, fiel uns nicht ein. Mobutu, dessen vollständiger afrikanischer Name angeblich „der Hahn der hundert Hennen besteigt" bedeutete, hätte unser Anruf wohl kaum beeindruckt. Bei unserer Verärgerung über den sich nun hinauszögernden Rückflug konnte ich die bitterarmen Grenzbeamten auch ein wenig verstehen. Sie griffen die Gelegenheit beim Schopf, um sich ein klein wenig illegal zu bereichern. Das aber, was ihr Präsident mit Hilfe westlicher Länder seinem Land in den Jahren seiner Präsidentschaft gestohlen hatte, fiel gegenüber dem Diebstahl seiner Grenzbeamten in Goma ganz sicher nicht ins Gewicht.

Unserem Reiseleiter blieb nichts anderes übrig als sich auf Verhandlungen mit den Beamten einzulassen. Nachdem schließlich das „Lösegeld" für unsere Pässe bezahlt war, konnten wir endlich die sehr unbequeme Maschine für die lange Heimreise besteigen. Die ganze Prozedur hatte unsere Abreise um 2 Stunden verzögert. Nach einem kurzen Zwischenstopp zum Auftanken auf dem ugandischen Flugplatz Entebbe erreichten wir zu einem weiteren Zwischenstopp Kairo. Hier durften wir trotz eines unerträglich langen Aufenthaltes in der heißen, nicht klimatisierten Maschine das Flugzeug nicht verlassen, bis wir endlich den Rückflug nach Deutschland antreten konnten.

Inzwischen war es tiefe Nacht geworden. Unsere Maschine hatte nun eine weitere Verzögerung gegenüber der zunächst versprochenen Ankunft. Waren unsere Freunde und Familienangehörigen noch im Flugplatz und warteten auf uns?

Gegen 2 Uhr morgens kamen wir endlich in Köln-Wahn an. Wir wussten nicht, ob wir dort noch erwartet wurden. Einige von uns hatten in Deutschland noch einen langen Heimweg vor sich. Müde und verschwitzt staksten wir mit unserem Gepäck auf den Schultern in die Ankunftshalle, die meisten Männer hatten sich tagelang nicht mehr rasiert.

Die afrikanische Sonne hatte unsere Gesichter gebräunt. In der Ankunftshalle wurden wir aber mit großem Hallo und allgemeiner Erleichterung von der Menge der Wartenden empfangen. Mit unendlichem Vergnügen sah ich schon von weitem die strahlenden Gesichter meiner beiden Söhne, die mich glücklich umarmten. In dem Wiedersehenstrubel fand ich kaum noch meine Mannschaft aus Afrika wieder, um mich von ihnen zu verabschieden. Meine Jungs fuhren mich nach Hause, wo ich mich trotz der fortgeschrittenen Zeit noch ausgiebig duschte, um mich anschließend einem langen Schlaf hinzugeben.

Am folgenden Morgen wurde ich durch mein Telefon geweckt. Zu meiner Freude erkannte ich die Stimme einer der Krankenschwestern aus unserem Team in Afrika. Sie kündigte ihren Besuch bei mir für das kommende Wochenende an. Die anrührenden Erlebnisse, die wir zusammen in den zurückliegenden Wochen in Afrika gehabt hatten, öffneten den Panzer um unsere Herzen auch für uns beide. Für fast 1 Jahr blieben wir zusammen, bis wir uns wieder voneinander zu weit entfernt hatten.

Ich nahm bereits am folgenden Tag meine Arbeit in der Praxis wieder auf. Die kurze Zeit in Afrika hatte mein Denken und Fühlen vorübergehend verändert. Vieles von dem, was mir nun begegnete, erschien mir überflüssig und unwichtig. Das Elend, das ich in dem Flüchtlingslager gesehen hatte, beschäftigte meine Gedanken noch lange Zeit.

Aber nach kurzer Zeit hatte mich die alte Welt wieder, auch an den deutschen Fahrstil auf den Autobahnen hatte ich mich so wie früher nach einigen Wochen gewöhnt.

Patienten, die von meinem Einsatz in den afrikanischen Flüchtlingslagern gehört hatten, erzählten mir manchmal von ihrer letzten Urlaubsreise nach Nordafrika oder an die Strände des Indischen Ozeans in Kenia, weil sie natürlich glaubten, ich hätte einen Erholungsurlaub in Afrika verbracht. Manchmal erfuhren sie später, dass ich als Arzt in einem Flüchtlingslager gearbeitet hatte, und sie schämten sich dann, dass sie mir etwas von Blumen in den Parks bei Mombasa oder den tropischen Gerüchen auf Sansibar erzählt hatten.

RÜCKKEHR NACH AFRIKA NACH VIELEN JAHREN

4 Jahre Tätigkeit in Ruanda

Der Deutsche Entwicklungsdienst DED, der inzwischen mit der GTZ zur GIZ zusammengelegt wurde, schickte mich 9 Jahre nach dem ruandischen Genozid erneut in das Land des früheren Völkermordes. Ich sollte in der Klinik der Nationalen Universität in Butare in meinem Beruf als Facharzt für Innere Medizin arbeiten. Mein Aufgabenbereich war neben der Patientenversorgung als „Senior Expert" die Aus- und Weiterbildung junger Ärzte und Studenten durch Vorlesungen, bedside-teaching, sowie die Anleitung zu verschiedenen medizinischen Techniken. Zu meinen Pflichten gehörte auch die Betreuung und Beratung bei Fertigstellung von mémoires (vergleichbar den Doktorarbeiten in Deutschland). Ich wurde von meiner afrikanischen Ehefrau begleitet, die allerdings nach 2 Jahren in ihr Heimatland Tansania umzog. Mein Aufenthalt war zunächst für 2 Jahre vorgesehen, auf Wunsch der Klinik blieb ich aber insgesamt 4 Jahre im Land. Während dieser Zeit wurden mir 3 Heimreisen gestattet, eine davon zur Hochzeit meines älteren Sohnes.

„Heimreise nach Ruanda"

Wenn das Flugzeug, von Nairobi kommend, den flächenmäßig größten See Afrikas überquert, sieht man im Süden die Spitze des Kilimanjaro, des höchsten Berges des Kontinents. Der englische Afrikaforscher John Henning Speke gab dem See 1858 den Namen seiner Königin Viktoria, die den See aber weder vorher noch nachher gesehen hat. Die Spitze des Kilimanjaro trug zunächst den Namen des letzten deutschen Kaisers Wilhelm II., den der deutsche Erstbesteiger des Berges, der aus der Leipziger

Verlegerfamilie stammende Hans Meyer für seinen Herrscher ausgesucht hatte. Während der See für die Europäer noch heute den Namen der großen Königin trägt, wurde die Kilimanjaro-Spitze aus den bekannten Gründen schon längst umgetauft.

Mir war der Blick aus dem Flugzeugfenster durch meine zahlreichen früheren Flugreisen auf dieser Strecke schon so vertraut, dass ich mir nicht die Mühe machte, von meinem Sitz aufzustehen, um den Kilimanjaro zu sehen und zu fotografieren. Der Schnee auf seinem Dach, den einst Ernest Hemingway gerühmt hatte, war bis auf kleine Reste weitgehend verschwunden.

Wir näherten uns dem kleinen Nachbarstaat Kenias, Ruanda mit seinen 1000 Hügeln, die von Gras und Buschwerk bedeckt waren. Schmale ungepflasterte Straßen schlängelten sich an Dörfern, kleinen Städten und einzelnen Siedlungen vorbei. Ich war auf dem Weg zurück in das Land, in dem ich 4 Jahre lang gelebt und gearbeitet hatte. Nach dem Ende meiner Tätigkeit war ich in das Nachbarland übergesiedelt, wo ich mir ein kleines Haus in einem verschlafenen Suahelidorf gekauft hatte und wo der Ruf des Muezzins 5-mal am Tag erschallte. Ich wollte hier eigentlich meinen Lebensabend verbringen, aber die tansanische Regierung gestand mir einen Daueraufenthalt nur zu, wenn ich ein Geschäft, ein Hotel oder eine regelmäßige Tätigkeit in einer Klinik vorweisen konnte. So musste ich in nach 3 Monaten Tansania verlassen, um bei meiner Rückkehr ein neues Touristenvisum anzufordern. Da mir dies auf Dauer immer lästiger wurde, bin ich von Jahr zu Jahr immer seltener in das von mir geliebte Tansania geflogen.

In Ruanda war ich, während meines 4-jährigen Aufenthaltes, Vater einer kleinen Tochter geworden, die bei meiner Ausreise gerade 2 Jahre alt war. Sie hatte aber die deutsche Staatsangehörigkeit, und ich habe sie seitdem jährlich wiedergesehen. Einmal hat sie mich sogar mit ihrer älteren Halbschwester in Tansania besucht.

Nun aber kam ich aus Europa, mein Töchterchen war inzwischen 5 Jahre alt. Die Kleine sprach neben ihrer afrikanischen Muttersprache Französisch, das Land war nach dem 1. Weltkrieg belgisches Mandatsgebiet geworden. Seit einigen Jahren wurde in den Schulen aber nun Englisch gelehrt, seitdem Ruanda Mitglied der East African Society zusammen mit den anglophonen Nachbarländern Kenia, Tansania und Uganda geworden war.

Ich war vor 2 Jahren zuletzt hier gewesen. 2 meiner ehemaligen Studenten hatten mich gebeten, bei der Präsentation ihrer Mémoires zugegen zu sein, weil sie die Arbeiten unter meiner Leitung fertiggestellt hatten. Während der Jahre meiner Arbeit als Arzt in der Universitätsklinik von Huye (Butare) wurde ich im Jahr 2006 Vater eines Töchterchens, das ich nun besuchen möchte. Sie geht mittlerweile in eine belgische Vorschule und lernte dort als erste Fremdsprache Französisch. Sie lebt in Ruanda mit ihrer Mutter und ihren zwei älteren Halbgeschwistern. Ihr Mutter arbeitet als Sachbearbeiterin in einem Institut der Universität. Ich war auf mein Wiedersehen mit ihr sehr gespannt.

Die Sonne war schon beinahe untergegangen, als die Maschine sich dem Flughafen Gregoire-Kayibanda näherte. Er lag auf einer Anhöhe über der Hauptstadt Kigali, die Lichter der Stadt sah man beim Anflug aus der Maschine. Der Flughafen lag in einer Höhe von 1500 Metern über dem Meeresspiegel, 300 Meter oberhalb der Stadt. Als ich die Treppe aus dem Flugzeug herunterstieg, fühlte ich die kühle Luft des Abends, die sich von der feuchten Hitze an der Küste des Indischen Ozeans unterschied. Dort hatte ich mir vor einigen Jahren ein Haus gekauft. In Deutschland. Ich hatte ich vor einigen Wochen vor meiner Reise eine Operation des rechten Kniegelenkes überstanden, aber die Bewegung im Gelenk war immer noch schmerzhaft. Besonders das Treppensteigen bereiteten mir noch Probleme. Die Flughafenbediensteten sahen mein Leiden, als ich mit meinen Krücken die Treppe von der Maschine herunterstieg. Sie kamen mir eilfertig mit einem Rollstuhl entgegen. Dankbar nahm ich die Unterstützung an und wurde nun an der Warteschlange vorbei zur Passkontrolle gefahren.

Meinen Koffer hinter mir herziehend, inzwischen ohne Gehhilfen, humpelte ich in die Ankunftshalle, wo eine große Schar von Wartenden hinter einer dicken roten Kordel den ankommenden

Flugpassagieren entgegenblickte. Rasch entdeckte ich die kleine Gruppe der Personen, die mir zuwinkten und mich freudig strahlend erwarteten. Mein Töchterchen, das dicht neben seiner Mutter stand, hatte mich bei seiner geringen Körpergröße nicht so schnell entdecken können, aber seine Mutter zeigte mit ausgestrecktem Arm auf mich und forderte die Kleine auf, ihrem Papa entgegenzulaufen.

Sie schlüpfte nun unter der Kordel hindurch und rannte auf mich zu. Ich merkte wohl, dass sie nicht genau wusste, wie sie ihren Papa, der ihr inzwischen fremd geworden war, begrüßen sollte. Ich hob sie rasch zu mir empor, und während sie zu mir „Bonjour, Papa" sagte und ich „Bonjour, ma petite" antwortete, küsste ich sie auf die Stirn, die Wangen und ihr kleines Näschen. Nun erkannte sie mich wieder und strahlte mich an. Sie schlang ihre Ärmchen um meinen Hals. Ihre afrikanischen Geschwister, Mutter und Tante gaben mir die Hand und die landesübliche Oskulade. Meine Tochter hatte durch die europäischen Gene ihres Vaters eine hellere Haut als ihre afrikanischen Verwandten. Ich hörte später, dass sie von ihren dortigen Landsleuten als „Mzungu" („Weiße") bezeichnet wurde, was ihr aber nicht besonders gefiel. Man bedauerte meine derzeitige Behinderung, Silkes großer Halbbruder nahm mir meine Tasche und Koffer auf dem Weg zum Auto ab.

Ich befand mich nun in dem Heimatland der Flüchtlinge, die ich Jahre zuvor im Osten der Republik Kongo-Zaire getroffen und behandelt hatte.

Die Flüchtlingslager waren schon lange aufgelöst, ihre Bewohner waren nach Hause zurückgekehrt, oder, wenn sie zu den Tätern des Genozids gehörten, waren sie tiefer in den Kongo hinein verschwunden.

In dem Geländewagen, der uns zum Haus von Silkes Tante brachte, schaute mich die Kleine unentwegt an, als wollte sie noch nicht recht glauben, dass sie neben ihrem Papa saß. Ich blickte in der anbrechenden Dunkelheit auf die erleuchtete Stadt, in die wir von der Höhe des Flughafens über Serpentinen hinunterfuhren. Wie sehr hatte sich das Stadtbild verändert seit dem Tag vor 9 Jahren, an dem ich zum ersten Mal hier ankam. Damals war es eine schmutzige, heruntergekommene Stadt mit tiefen Löchern in den Straßen, mit übelriechenden, offenen Abwasserkanälen und chaotischem Straßenverkehr.

Bettler belästigten die Passanten überall. Straßenräuber flitzten auf Motorrädern vorbei und versuchten, Frauen auf dem Bürgersteig die Schultertaschen zu entreißen.

Dies alles lag viele Jahre zurück, inzwischen sah die Landeshauptstadt ganz anders aus, sauber und gepflegt wie die meisten europäischen Städte.

Die Bettler waren fast überall verschwunden, es gab auch keine bettelnden Frauen mehr, die den Touristen ihre kleinen Kinder zum Betteln entgegenhielten. Die Straßen waren repariert und sauber, Schlaglöcher gab es nicht mehr. Es war mir ein Rätsel, wie die Regierung in den wenigen Jahren diese Veränderungen zustande gebracht hatte.

Ich war 2003 erstmals in dieses Land gekommen, um im Auftrag des Deutschen Entwicklungsdienstes als „senior expert" in der internistischen Abteilung des Universitätskrankenhauses zu arbeiten.

Damals war der Völkermord in Ruanda 9 Jahre vorüber. Die furchtbaren Ereignisse während des Bürgerkrieges hatten auf den ersten Blick kaum Spuren hinterlassen. An einzelnen Hausfassaden waren noch Einschüsse von Gewehrkugeln zu sehen.

Jetzt wirkten die Menschen entspannt, sie gingen friedlich, oft liebevoll miteinander um, man umarmte sich und tauschte Wangenküsse, wie es in den frankophonen Ländern üblich war.

Die Bilder von damals waren noch in meiner Erinnerung, als ich am folgenden Tag mit meiner kleinen Tochter und ihrer Mutter aus der Hauptstadt Kigali in die Provinzstadt fuhr, in der ich damals gelebt und gearbeitet hatte. Meine Tochter wohnte mit ihrer Mutter und ihren beiden afrikanischen Halbgeschwistern in dieser Stadt im Süden des Landes. Sie besuchte eine belgische Vorschule, in der sie die französische Sprache lernte.

Ich spazierte am folgenden Tag an meinem früheren Wohn-
haus vorbei. Es hatte seinen Besitzer gewechselt, es wohnten
dort keine deutschen Entwicklungshelfer mehr. Der neue Besitzer hatte vieles an dem Haus verändert. Statt der flammend-
roten Bougainvillea, die hinter einem Maschendrahtzaun die
Grundstücksgrenze bildeten, hatte man nun eine elegante Stein-
mauer errichtet zusammen mit einem kleinen Häuschen für die
Wachmänner. Das Haus war ein geräumiger Flachbau, auf der
weißen Eingangspforte stand früher das blaue Logo des Deutschen Entwicklungsdienstes.

DIE ERINNERUNG EINES TUTSIS, DER SEINE FAMILIE VERLOREN HATTE

Das Haus, das 4 Jahre lang mein Zuhause gewesen war, wurde nach meiner Rückkehr nach Deutschland von dem Eigentümer verkauft. Es gehörte zuvor einem jungen Architekten, der Mitglied der Volksgruppe der Tutsis war. Ich erinnere mich noch gut an ihn, auch an seine traurige Lebensgeschichte während des Genozids, die er meiner ehemaligen Lebensgefährtin und mir an einem Samstagvormittag erzählte, während wir bei einer Kanne Tee auf der Terrasse vor dem Haus saßen. Während des Genozids befand er sich zum Studium in Kinshasa, der Hauptstadt des Kongo. Natürlich hatte er in Kinshasa von den Bürgerkriegswirren in seiner Heimat gehört. Was er dann aber in seinem Land, seiner Heimatstadt und seinem Haus vorfand, übertraf alles, was er zuvor erwartet hatte. Seine Schwester, ihr Mann und deren 6 Kinder waren alle ohne Ausnahme von der Mörderbande den Interahamwa ausgelöscht worden, niemand hatte überlebt. Während der junge Architekt die furchtbare Geschichte erzählte, musste ich daran denken, dass in den Flüchtlingslagern des Kongo, in denen ich als Mitglied er Organisation CARE tätig war, auch Teile der Mörder-Milizen Zuflucht gesucht hatten. Ich war froh, dass wir damals nicht gewusst hatten, mit wem wir es zu tun hatten.

Ich habe seine Geschichte gehört und bin, wie auch meine Lebensgefährtin, vor Entsetzen stumm geblieben. Man hat mir nie wieder eine so furchtbare Geschichte erzählt.

Die Bewohner des Hauses hatten wohl noch vergeblich versucht, sich in dem Haus zu verstecken. Die Milizionäre hatten eines der Türschlösser aufgebrochen, man konnte die Spuren er gewaltsamen Öffnung erkennen. Unser Hauswirt antwortete auf unsere Frage nach seinen gegenwärtigen Empfindungen, wenn er an diese Ereignisse zurückdenkt.

Er antwortete, die Ereignisse seien zwar lange vorbei, er könne das Vorgefallene aber weder vergessen noch verzeihen.

Manchmal zeigten frühere Nachbarn und Freunde in der Stadt auf Personen, die angeblich daran beteiligt waren, seine Familie umzubringen. „Aber was soll ich denn machen?", fragte er uns. „Ich werde die Täter doch nie überführen können, weil sie abstreiten würden, an dem Morden beteiligt gewesen zu sein. Ich möchte mit der ganzen Geschichte jetzt nichts mehr zu tun haben. Aber wenn ich die Beschuldigten heute auf der Straße sehe, verspüre ich in meinem Herzen nur Kälte und Verachtung".

Ich fragte mich, was ich empfinden würde, wenn ich an der Stelle dieses Mannes gewesen wäre. Ich habe diesen jungen Architekten bewundert.

Ich habe ihn später nicht mehr wiedergesehen. Man sagte mir, er habe geheiratet und sei Vater geworden. Vielleicht hat er in seinem neuen Leben Frieden gefunden.

Wiedersehen in der Klinik

„Bonjour, professeur, comment ca va?" Ja, so redet man mich immer noch an, wenn ich mich in der Klinik sehen lasse, so wie heute. Viele Ärzte, Krankenschwestern und Sekretärinnen kannten mich noch aus der Zeit, als ich 4 Jahre lang als Arzt und Dozent in dieser Klinik gearbeitet hatte. Es war ein Gefühl für mich, als käme ich nach Hause. Ich bin mit meinem Töchterchen vom Haus ihrer Mutter ins Stadtzentrum gelaufen, auf dem Weg, den ich jahrelang täglich mit meinem Mitsubishi-Geländewagen hinaufgefahren bin. Während der Regenzeit war die nicht asphaltierte Straße mit tiefen Schlaglöchern kaum passierbar. Sie wurde am Ende der Regenzeit immer notdürftig repariert, bis einige Monate später die nächsten Regengüsse den alten Zustand wiederherstellten. Jetzt war aber alles besser geworden, Regenpfützen und Schlaglöcher waren für immer verschwunden. Auch die Straße, die vom Stadtzentrum am Markt vorbei zur Klinik führte, früher ein Sturzacker, war jetzt glatt und sauber instandgesetzt wie das ganze Land. Früher versanken die Räder meines schweren Wagens während der Regenzeit in den tiefen Wasserlöchern der Straße. Die am Straßenrand vor ihren Geschäften sitzenden Menschen überschütteten mich regelmäßig mit Schimpfkanonaden und bedrohten mich mit ihren Fäusten, wenn sie von meinem Wagen nassgespritzt worden waren.

Vor 10 Jahren

Am Eingang der Klinik drängten sich früher Menschentrauben wartender Patienten. Ich ging rasch an ihnen vorbei, balancierte über schmale, gepflasterte Wege, die über kurz gehaltene Rasenflächen zu den Patientengebäuden führten. Mein Dienstzimmer befand sich in dem Untersuchungstrakt, in dem auch die anderen Ärzte ihre Büros hatten. Auf dem Weg dorthin ging ich an Frauen mit Kindern vorbei, die darauf warteten, bis sie zu den Ärzten gerufen wurden. Viele der kleinen Kinder, die noch nie einen weißen Mann gesehen hatten, weinten, wenn ich in meinem Arztkittel an ihnen vorüber ging, sie versteckten sich hinter ihren Müttern oder Vätern. Ich winkte im Vorbeigehen den Schwestern hinter dem Fenster, an dem sich Patienten anmelden mussten und fragte sie, ob für mich bereits Patienten angekündigt waren.

Ein Zwölffingerdarmgeschwür

An einem Morgen wartete ein etwa 20-jähriges Mädchen in Begleitung einer anderen jungen Frau auf mich. Sie krümmte vor Schmerzen ihren Oberkörper tief nach vorne, sodass ihr Kopf fast auf dem Oberschenkel lag. Ihre Begleiterin war die Schwester der Kranken. Während die Patientin leise vor sich hin wimmerte, berichtete diese mir, dass die junge Frau seit 3 Wochen unter Oberbauchschmerzen litt. Ich fragte sie nach weiteren Symptomen und erfuhr, dass sich die Beschwerden nach jeder Mahlzeit verschlimmerten. Außerdem hatte sie immer wieder pechschwarzen Stuhlgang. Ich gab dem wartenden Endoskopie-Pfleger meine Anweisung und beeilte mich, in meinem Büro die Straßenkleidung, in der ich gekommen war, gegen den Klinikdress auszutauschen. Bei der Magenspiegelung fand ich ein großes Zwölffingerdarm-Geschwür, aus dem es vor Kurzem noch geblutet hatte. Ein derartiger schwerwiegender Krankheitsbefund war bei uns in Deutschland eine Rarität bei einem so jungen Menschen. Hier in Afrika sah ich dies häufiger, die Ursache war in der Regel eine Infektion mit einem Helicobacter-pylori-Keim. Zum Glück gab es nun eine wirksame Behandlung, die dem Mädchen in 1-2 Wochen die Schmerzen nehmen würde. Mit leiser Stimme erklärte ich ihr das Ergebnis meiner Untersuchung und machte ihr die Hoffnung, dass sie sehr bald wieder gesund und schmerzfrei sein würde. Ich gab ihrer Begleiterin meine Verordnung für die Krankenhausapotheke.

Beim Abschied erhielt sie einen Termin zur Kontrolluntersuchung.

2-mal wöchentlich machte ich mit einer Schar von Studenten eine Visite auf der Krankenstation. Die Patientenzimmer waren gewöhnlich mit 8-10 Kranken belegt. Zwischen den Betten mit ihren rotbraunen Kunststoffmatratzen saßen die Angehörigen auf der Erde und versorgten die Kranken mit Nahrung und mitgebrachter sauberer Wäsche. Die Angehörigen brachten zu Hause vorgefertigten Speisen mit in die Klinik. Sie hatten dazu übereinander gestapelte Metallbehälter, die an die „Henkelmänner" deutscher Bergleute erinnerten. Die Patienten oder ihre Angehörigen konnten sich auch draußen neben den Krankenstationen an einer Kochstelle die Mahlzeiten zubereiten.

Ich machte meine Visiten gewöhnlich mit der Stationsschwester, einer Ordensschwester, und einem Dutzend Studenten. Die Medizinstudenten mussten bei dieser Gelegenheit die Patienten sorgfältig untersuchen und die Krankheitsbilder beschreiben.

Oft kamen die Patienten bereits sehr krank ins Hospital, da sie, wie in den meisten afrikanischen Ländern, zunächst einen traditionellen Heiler konsultiert hatten. Oft ritzten die Heiler ihre Zeichen in die Bauchdecke der Patienten. Man sah dann 3 übereinanderliegende, 2-3 cm lange horizontale Narben. Die meisten Heiler waren Pflanzenkenner, ihre Heilerfolge habe ich selbst in Tansania gesehen. Vor einer Klinik war häufig ein Baum gepflanzt, aus dessen Blättern ein Malariamittel hergestellt wurde. Übeltäter waren hingegen die „witch doctors", die den Kranken oft haarsträubende Ratschläge gaben.

Manche Patienten blieben mir auch hier in trauriger Erinnerung. Wir mussten das quälende Ende eines 17-jährigen Mädchens mitverfolgen, bei dem sich nach einer schweren bakteriellen Mandelentzündung ein akutes Nierenversagen einstellte. Als sie in die Klinik kam, war die Urinproduktion fast aufgehoben, Gesicht und Extremitäten waren dick geschwollen, die Augen bestanden nur noch aus schmalen Sehschlitzen.

Zu Beginn meiner Tätigkeit gab es noch keinen Dialyseplatz, erst wenige Monate vor meinem Abschied erhielt die Klinik aus Spendengeldern amerikanischer Rotarier eine Nephrodialyse. Für das sterbende Mädchen kam dies aber zu spät. Ihre verzweifelten Eltern standen die ganze Zeit bis zu ihrem Tod neben ihr.

Zu Beginn meiner Tätigkeit in der Klinik hatte ich einem Mann, der allein in seinem Zimmer mit einer **HIV-Infektion** lag, am Krankenbett meine Diagnose mitzuteilen. Daraufhin wies mich auf dem Flur vor dem Patientenzimmer einer der uns begleitenden jungen Ärzte darauf hin, dass es in diesem Land nicht üblich sei, vor den Patienten diese Diagnose offen auszusprechen. Ich erwiderte ihm, dass es zum Wohl der Kranken geboten sei, auch diese Krankheit zu erwähnen, denn wie sollte man den Betreffenden sonst über sein Infektionsrisiko aufklären. Ich hatte einige Jahre zuvor in dem Nachbarland Uganda gesehen, dass dort die Bevölkerung durch große Plakate neben den Straßen aufgefordert wurde, offen ihre HIV-Infektion vor Fachleuten zu erwähnen. Dem dortigen Präsidenten Museveni hatte zuvor ein amerikanischer Arzt gesagt: „Mr. President, your people will die, if they continue to hide their HIV-Infection". Bald startete eine landesweite Aufklärungskampagne in den Zeitungen und im Rundfunk mit dem Erfolg, dass bald die Neuinfektionen mit dem HIV-Virus in Uganda zurückgingen.

Heimaturlaub

Im 2. Jahr meines Aufenthaltes in Ruanda bekam ich zu meiner großen Freude von meinem älteren Sohn die **Einladung zu seiner Hochzeit** in Deutschland. Ich hatte in meinem Dienstzimmer einen großen Kalender an die Wand geheftet, auf dem ich den Tag der Hochzeit eingetragen hatte. So begann ich 3 Monate vor meiner Heimreise damit, die Wochen und später sogar die Tage bis zu meinem Heimflug zu zählen.

Der Flug ging über Nairobi, den Norden Kenias und die Sahara nach Norden. Da ich diesmal am frühen Vormittag von Kigali abflog, konnte ich aus dem Fenster die Landschaft, über die wir flogen, von oben betrachten. Über der Sahara stand die Sonne noch fast senkrecht am Himmel, Wolkenfetzen über der Wüste warfen rundliche Schatten auf den gelben Untergrund, die aus dem Flugzeug wie dunkle Wasserlöcher aussahen. Während ich auf die endlos scheinende Wüste hinunterblickte, musste ich daran denken, dass sich tief unter mir vor 150 Jahren europäische Forscher wie der Deutsche Heinrich Barth unter unsäglichen Strapazen ihren Monaten dauernden Weg durch das damals noch weitgehend unbekannte Afrika bis nach Timbuktu weit im Westen gesucht hatten. Niemand kann sich heute noch vorstellen, was eine solche Reise damals für einen Europäer bedeutete.

Als der Abend bereits dämmerte, erreichten wir die libysche Küste. Ich erkannte die **Umrisse der Großen Syrte**, wo das Mittelmeer den afrikanischen Kontinent berührt. Ich empfand plötzlich so etwas wie Trauer und Abschiedsschmerz, als käme ich nicht mehr zurück zu dem faszinierenden, wilden Kontinent.

Aber ich wusste natürlich, dass ich nach 6 Wochen in umgekehrter Richtung zurückfliegen würde, um dann im Herzen Afrikas meine Arbeit wieder aufzunehmen. Die Zirrhus-Wolken über dem Mittelmeer zeigten an, dass wir nun aus der Hitze der Sahara in den kühleren Norden von Europa flogen.

Ich habe mich in Afrika verändert

Arbeit und Leben in Afrika hatten mich bereits während der zurückliegenden 1 ½ Jahre verändert. Ich verspürte in mir Ruhe und Gelassenheit, die Hektik meines früheren Lebens in Deutschland war nach 18 Monaten in Afrika verschwunden. Ein ähnliches Empfinden brachte ich damals nach meinem Aufenthalt in den kongolesischen Flüchtlingslagern mit nach Hause. Nur hatte mich seinerzeit der deutsche Alltag rascher als jetzt zurückgeholt. Dieses Mal fühlte ich mich beinahe ein wenig fremd in meiner Heimat.

Die Hochzeit meines Sohnes war ein wunderbares Ereignis, das mein Herz erwärmte. Das Bäuchlein seiner Braut ließ erwarten, dass ich bald mein erstes Enkelkind zu Hause antreffen würde.

Natürlich wurde ich von Freunden und Verwandten vieles gefragt. Alle wollten wissen, wie das Leben in Afrika südlich der Sahara und das Arbeiten in einer afrikanischen Klinik ist. Eine Gruppe von Freunden hatte mich schon erwartet, man traf sich eines Abends, die meisten Männer hatten ihre Frauen mitgebracht. In Bewunderung für meinen Entschluss mischte sich manchmal auch Unverständnis dafür, dass ich mir im Alter von 60 Jahren eine so risikoreiche Umstellung meines Lebens noch zugemutet hatte. Stundenlang musste ich Fragen beantworten und versuchte auch, falsche Vorstellungen zu korrigieren. Aber das Interesse meiner Freunde an meinem Leben in „Schwarzafrika" hat mich gefreut. Zum Schluss hat man sogar Geld für mich gesammelt, als ich für ein paar Minuten den

Raum verließ. Ich hatte von der Armut der meisten Patienten berichtet, die oft nicht einmal genügend Geld aufbringen konnten, um ihre Behandlung in der Klinik zu finanzieren. Ich war gerührt und stolz auf meine Freunde in Deutschland, die auf diese Weise dazu beitragen wollten, die Lebensverhältnisse in Afrika ein wenig zu verbessern.

Ruanda, das Land, in dem ich nun arbeitete, ist als das „Land der 1000 Hügel" bekannt. Deshalb fuhr ich nach der Hochzeit meines Sohnes für 1 Woche auf eine Nordseeinsel, denn ich hatte genug von dem Hügelpanorama und wollte wieder einmal einen freien Blick über das Meer genießen.

Ich saß deshalb abends an der Strandpromenade und beobachtete den Sonnenuntergang im Westen. Ich fühlte den kühlen Wind, der mir über die Haare strich und atmete die salzige Luft des Meeres, die so anders roch als die Luft des tropischen Afrikas. Erst bei Anbruch der Nacht kehrte ich langsam zurück zu meinem Hotelzimmer.

Eine Nacht des Jägers

Vor meiner Rückreise nach Afrika nahm ich dankbar die Einladung eines Freundes zu einem **Jagdwochenende in der Eifel** an. Bei ihm hatte ich meine Jagdwaffen für die Zeit meiner Abwesenheit von Deutschland untergebracht. Es war Vollmond, eine Nacht des Jägers. Ich verbrachte den Abend und die Nacht bis zum frühen Morgen auf dem Hochsitz, um auf Schwarzwild zu warten. Ich befand mich auf einer Lichtung, an 3 Seiten standen riesige Fichten, deren Wipfel rauschend im Nachtwind gewichtig schwankten. In der Abenddämmerung beobachtete ich einen Fuchs, der vorsichtig sich umsehend durch das Gras schnürte. Eine Wildkatze schlich lautlos zwischen den Bäumen. Ihr kräftiger, geringelter Schwanz unterschied sie von einer verirrten Hauskatze. Im Dunkeln der Nacht hörte ich von fern den Ruf eines Uhus. Das Schwarzwild kam in dieser Nacht nicht. Meine

Repetierbüchse lehnte in einer Nische, im Gewehrlauf spiegelte sich das Mondlicht. Nach Mitternacht schlief ich auf der unbequemen Pritsche ein. Wäre eine Rotte Sauen gekommen, so hätte mich ihr Grunzen, Quieken und Schmatzen an der 80 Meter entfernten Kirrung geweckt. Aber sie kamen nicht. Ich war nicht enttäuscht und erst recht nicht verärgert. Am nächsten Morgen sahen wir, wohin die Rotte in der Nacht gezogen war. Sie hatten nur 2 Kilometer von meinem Sitz entfernt eine große Wiese mit ihrem Gebrech umgepflügt. Wir versuchten mit Stiefeltritten, den Schaden halbwegs zu reparieren.

Dennoch hatte ich die Nacht inmitten der stillen Natur genossen. Vermissen möchte ich die Stille an der Waldlichtung nicht. Der Duft des Waldes, das Rauschen des Windes in den Wipfeln der Fichten, die heimlichen Geräusche der Dunkelheit würden mich noch lange in die tropische Welt Afrikas begleiten. Dies war meine Heimat, ich kann sie auch in der Entfernung nicht vergessen.

Meine Gedanken gingen nun nach Afrika, ich ließ meine Erlebnisse dort an mir vorüberziehen. Ich erinnerte mich an die Nachtgeräusche in den Tropen. Wann würde ich eine solche Nacht des Jägers wieder erleben?

Nach 6 Wochen war die Zeit meines Urlaubs in Deutschland vorüber. Es regnete in Strömen, als ich zum Flughafen fuhr. Nachdem ich meinen roten Dienstausweis an der Passkontrolle in Düsseldorf vorgezeigt hatte, bestieg ich die **Nachtmaschine nach Afrika**. Während das Flugzeug zur Startbahn rollte, genoss ich den Anblick des noch fast neuen Flughafengebäudes in Düsseldorf, es leuchtete hell wie ein Märchenschloss. Als die Maschine zu den Wolken aufstieg, verspürte ich einen merkwürdigen Abschiedsschmerz und hatte das unerklärliche Gefühl, nie mehr zurückzukommen.

RUANDA, KIBUYE

Ich habe heute Geburtstag, habe das Datum aber fast vergessen. Nur die zahlreichen Gratulationen per E-Mail erinnern mich.

Ich lebe allein in meinem Haus in Butare, das der Entwicklungsdienst für mich angemietet hat.

An diesem Wochenende habe ich das Ferienhaus unserer Organisation für ein Wochenende gebucht und werde hier nun 2 Nächte bleiben. Ich sitze auf der Terrasse und schaue hinunter auf den Kivusee. Er ist der Kleinste der zum westlichen Arm des Großen Afrikanischen Grabens gehörenden Seenkette. Nördlich von ihm liegt der Albertsee, südlich schließt sich der 670 Kilometer lange und mit 1470 Metern tiefste afrikanische See, der Tanganjikasee an.

Der kleine Kivusee wird nach Westen durch den riesigen Kongo begrenzt, das gegenüberliegende Ostufer gehört zu Ruanda. Hier liegt das Gästehaus des Deutschen Entwicklungsdienstes, DED, in dem ich mich nun befand. Nach der Arbeit in der Universitätsklinik von Ruanda genoss ich die Ruhe und Erholung an dem friedlichen Gewässer. Das Haus hatte 2 Stockwerke, oben lagen die Schlafzimmer und die Sanitäreinrichtungen, im Erdgeschoss eine kleine Küche, ein großes Wohnzimmer mit Internetanschluss und der Zugang zu einer Terrasse, auf der man sein Frühstück einnehmen konnte. Eine Treppe führte hinunter zum See. Zu Beginn meines Aufenthaltes sprang ich immer von der Plattform des Bootssteges in das kühle, klare Wasser hinein und genoss das Schwimmen im See. Ich war heute allein gekommen und liebte die Ruhe, die mich umgab. Es gab keine knatternden Motorboote, das einzige Geräusch war das leise Schmatzen der Wellen, wenn sie sich am Ufer unterhalb der Terrasse brachen. Von fern klang manchmal lautes Reden und Lachen aus dem Gästehaus einer protestantischen Organisation, die oberhalb des Sees ein Restaurant betrieb. Wahrscheinlich würde ich dort selbst später zu Abend essen.

Zu unserem Gästehaus musste man einen Berg hinunterfahren, der mit groben Schottersteinen bedeckt war. Für meinen Mitsubishi Pajero stellte diese Fahrt bergab kein Problem dar. Das Haus war durch eine große Eisenpforte gesichert, an der ein einheimischer Wachmann aufpassen sollte, wenn er denn da war. Ich war kurze Zeit zuvor eingetroffen und ging kurz nach meiner Ankunft im See schwimmen. Nun ruhte ich mich in einem Liegestuhl nach der 3-stündigen Autofahrt aus und würde gleich meine E-Mails checken, die mir vermutlich einige Geburtstagsgrüße aus der Heimat bringen würden.

Die zurückliegenden Wochen waren anstrengend gewesen. Ich hielt an 3 Vormittagen der Woche jeweils 4 Stunden lang Vorlesungen über Nierenkrankheiten und an anderen Tagen über Magen- und Darmerkrankungen. Zwischendurch hatte ich Ultraschallunter-suchungen und Endoskopien des Verdauungstraktes durchzuführen. Die Sonographie beherrscht außer mir niemand in der Klinik, und ich ärgerte mich immer darüber, dass ich bei diesen Untersuchungen allein war. Man hatte mir beim DED aufgetragen, diese Untersuchungstechniken an Studenten der höheren Semester oder an interessierte junge Ärzte weiterzugeben. Ein Freund, der am Mulago-Hospital in Kampala als Dozent arbeitete, berichtete mir genau dasselbe, dass die afrikanischen Studenten und Ärzte wenig daran interessiert waren, von ihm seine Untersuchungstechnik zu erlernen.

Meine Mail-Post brachte mir die erhofften Geburtstagsglück-wünsche. Was für ein Fortschritt war doch eine Verbindung per Internet. Noch vor 30 Jahren wäre nicht daran zu denken gewesen.

Nach dem Schwimmen atmete ich in meinem Liegestuhl die klare, reine Luft, die von dem See zu mir herüberwehte. Jeden Abend beobachtete ich Fischer, die in ihren Booten hinaus auf den See fuhren. Sie fingen während der Nacht die Fische mit ihren an Stangen hängenden Netzen, Lampen lockten die Tiere aus der Tiefe des Sees an die Oberfläche. Dabei sangen sie während der Fahrt, auf das Lied eines Vorsängers antworteten die anderen mit einem immer gleichen Refrain.

Die tiefe Ruhe überträgt sich auf meinen Gemütszustand. Das Wasser wird durch den leichten Wind gekräuselt, ab und zu taucht der Kopf eines Fischotters auf. Die Hektik des Alltags ist weit weg, Deutschland scheint auf einem anderen Planeten zu liegen. Ich bin seit 3 Jahren in Afrika, die Jahre haben aus mir einen anderen Menschen gemacht. Die Vorträge und Vorlesungen, die ich in französischer oder englischer Sprache halten muss, bereiten mir Freude. Zu Hause in Deutschland habe ich sehr selten Vorträge vor größerem Publikum gehalten, wenn man von meinem Unterricht für angehende Krankenschwestern während meiner Zeit in der Klinik absieht.

Bei einbrechender Dunkelheit werde ich hinübergehen in das benachbarte Hotel und zu Abend essen. Der Nachthimmel war wolkenlos, im Norden sah ich über den Hügeln den **Feuerkegel des Nyiragongo, der im Dunkeln der Nacht von den weit entfernten Virunga-Bergen** herüberblickte. Morgens versammeln die Fischer sich am Seeufer, um sich die Fische, die sie während der Nacht gefangen hatten, zum Frühstück zu braten.

Mir steht ein weiterer ruhiger, ungestörter Tag bevor, den ich lesend, schwimmend und spazierengehend verbringe oder E-Mails an Freunde und Familie in Deutschland verschicke. Das Alleinsein empfinde ich nicht als Belastung. Manchmal beobachte ich die Menschen auf den gegenüberliegenden, etwa 500 Meter Luftlinie entfernten Hügeln mit meinem Fernglas, beobachte sie in ihrem alltäglichen Leben, sehe die Kinder spielen, bis sie von ihren Müttern gerufen werden und bewundere ihre friedliche Ausgeglichenheit.

Auch hier hatte sich vor wenig mehr als 10 Jahren ein Albtraum abgespielt, als Mörderbanden während des Genozids Menschen. In dem kleinen Ort Kibuye umbrachten und in den See warfen. Wie kann man danach wieder ein so friedliches Leben führen? Das fragte ich mich auch hier wie so oft auch an anderen Orten in diesem Land. Aber gab es denn eine andere Möglichkeit, als das Grauen dem Vergessen zu überlassen, bis auch die tiefsten Wunden allmählich vernarbt sind oder für immer weiterschmerzen?

In 2 Tagen werde ich meinen geräumigen Geländewagen für die 3-stündige Heimreise beladen und einen Tag später meine übliche Klinikarbeit wieder aufnehmen.

Tanganjika-See

Ich habe in den 4 Jahren meines Aufenthaltes in Ruanda mehrmals die Gelegenheit wahrgenommen, die Nachbarländer Ruandas zu besuchen. Deren Tier- und Pflanzenwelt unterschied sich deutlich von der meines Gastlandes Ruanda. Am meisten hat mich das große Tansania fasziniert, das mit Ruanda und Burundi zur früheren deutschen Kolonie Ostafrika gehörte. Das frühere Tanganjika führte nach seiner Vereinigung mit der Insel Sansibar den Namen Tansania, sein erster Präsident nach der Unabhängigkeit von Großbritannien war Julius Nyerere, der in seinem Land der „Walimu" genannt wurde, denn er früher Schullehrer. Die Länder Ruanda und Burundi wurden nach dem ersten Weltkrieg belgisches Mandatsgebiet. Die wunderbaren Nationalparks von Tansania und seine zahlreichen Seen haben mich immer wieder zu Besuchen angezogen. Einmal habe ich während meiner Ferien eine große Rundfahrt durch Tansania mit meinem alten Freund und Kollegen Klaus unternommen, der mich einige Wochen lang in Afrika besuchte.

Will man den Tanganjikasee von Süden nach Norden befahren, so benutzt man dazu am besten die TASARA, die von den Chinesen in den Jahren bis 1976 fertiggestellten Tanzania-Zambia-Railway für die 1860 Kilometern von Daressalaam nach Sambia. Die Eisenbahn wurde als Exportroute für sambisches Kupfer aus dem Copperbelt für den chinesischen Markt konzipiert. Der damalige tansanische Präsident Julius Nyerere war den Chinesen für die Fertigstellung der Bahn so dankbar, dass er den Chinesen angeblich die Einreise in sein Land ohne Visum gestattete. Noch heute begegneten wir auf unserem Weg von Daressalaam nach Sambia den langen mit Kupfer beladenen Güterzügen auf ihrer Fahrt in Richtung des Seehafens von Daressalaam. Wir fuhren mit der Tasara nachts durch den ariden, riesigen Selous Nationalpark, die größte Game-Reserve Afrikas. Nur bei Tageslicht konnten wir die eindrucksvollen Baobabs, die „Affenbrotbäume", bewundern, die in großer Zahl seitwärts der Einbahnschienen stehen und die wir immer wieder fotografierten.

Wir fuhren mit einem Bus von Endstation der Bahn nach Mpulungu, der südlichsten Hafenstadt am Tanganjikasee, die bereits zu Sambia gehörte. Wir quartierten uns in eines der wenigen Hotels der Stadt ein, unsere Schiffsreise nach Kigoma sollte von Mpulungu aus in 1 Woche stattfinden. Wir mussten bis zur Abfahrt unseres Schiffes so lange in der trostlosen Stadt Mpulungu warten.

Während mein Freund es sich in dem Gästehaus der Stadt bequem gemacht hatte, ließ ich mich für die wenigen Tage mit einem Ruderboot zu einem sehr einfachen Gästehaus am südlichen Ende des Sees bringen. Als ich dort ankam, sank die Sonne bereits hinter dem steilen Westufer des Sees, das bereits zur Republik Kongo gehörte. Eine leichte Brise kräuselte die Wellen, die sich in der tiefstehenden Sonne spiegelten.

Abends saß ich bei einer Flasche Bier in meinem neuen Quartier am See. Das kongolesische Westufer des Sees lag bereits im Dunklen. Eine leichte Brise kräuselte das Wasser, die flachen Wellen blitzten in der Abendsonne und schienen sich eilig Richtung Osten zu entfernen. Von fern tönte Lachen und Rufen von einer benachbarten Siedlung.

Hinter mir sprach mich eine weibliche Stimme an und fragte, ob ich in dieser Abendstunde noch schwimmen gehen wollte. Ich drehte mich um und erblickte 2 hübsche junge Mädchen, die ich gar nicht kommen hörte. „Nein, jetzt nicht, es ist auch für mich zu spät", erwiderte ich auf Englisch. Ich erfuhr, dass die beiden Amerikanerinnen Schwestern waren. Sie wollten am nächsten Vormittag zurück nach Mpulungu übersetzen, um von dort mit der Liemba, dem alten, noch immer fahrenden

Passagierschiff nach Kigoma, dem größeren Hafen am tansanischen Seeufer weiterzureisen.

Eines der Mädchen war hochgewachsen und dunkelhaarig, in ihren dunklen Augen spiegelte sich das Licht der untergehenden Sonne. Ihre Schwester war einen halben Kopf kleiner, sie trug ihr blondes, lockiges Haar schulterlang. Ich erfuhr, dass die Mutter des älteren, blonden Mädchens bei einem Flugzeugabsturz ihr Leben verloren hatte. Ihr Vater hatte später eine Frau mit portugiesischen Wurzeln aus dem Nachbarland Mozambik geheiratet. Diese dunkelhaarige Frau war die Mutter des zweiten Mädchens.

In der anbrechenden Dunkelheit sahen wir ausfahrende Fischerboote, die, wie ich es früher in Ruanda am Kivusee beobachten konnte, mit starken Lampen die Fische aus der Tiefe des Sees zur Oberfläche in ihre Netze lockten. Unsere kleine Hotelanlage hatte keine weiteren Gäste, wir plauderten bis tief in die Nacht und erzählten uns die Geschichten unserer bisherigen Reisen. So erfuhr ich, dass die beiden Schwestern ihren Vater in Mozambique besucht hatten und nun auf der Rückreise nach Amerika waren.

Am nächsten Morgen fuhren die beiden jungen Frauen mit einem kleinen Frachtschiff zurück nach Mpulungu. Mit dem gleichen Schiff kam mein Freund zu mir. Wir machten uns auf den Weg am Seeufer entlang, der 2-stündige Fußmarsch war in der heißen Mittagsluft beschwerlich. Wir durchquerten mehrere Dörfer am Seeufer, in denen die Einwohner das Ergebnis eines guten Fischfanges mit Gesang, Gelächter und reichlich Alkohol feierten. Immer wieder konnten wir beobachten, dass mit Fischen prall gefüllte Netze von den Männern an den Strand gezogen wurden. Der Fischreichtum des Sees war gewaltig und ausreichend, um die umliegenden Siedlungen am See zu versorgen. Der übrige Fang wurde später auf dem Markt von Mpulungu angeboten. Gefangen wurden große Mengen von Sardinen und die seltenen Süßwasserheringen. Am Abend zuvor hatte ich bereits die Geräusche der Festlichkeiten aus den benachbarten

Dörfern gehört. Als wir lachend und winkend an der fröhlichen
Gesellschaft vorbeiliefen, winkte uns eine offenbar stark alko-
holisierte Frau zu und lud uns ein, mit ihr eine angebrochene
Flasche Brandwein zu leeren. Wir beeilten uns aber, rasch dem
Trubel zu entkommen, denn unser Schiff nach Kigoma würde
gewiss nicht warten.

In Mpulungu angekommen, mussten wir vor dem Eingang
in den abgetrennten Hafenbezirk unsere Pässe und Schiffsfahr-
karten vorzeigen, denn wir befanden uns in Sambia und waren
auf dem Weg nach Tansania.

Es war um die Mittagszeit und die Äquatorsonne stand senkrecht am Himmel. Wir warteten auf das Schiff, das uns mit nach
Kigoma, dem nördlichen tansanischen Hafen nehmen sollte.
Wir hatten gehofft, dass dieses Schiff die „Liemba" wäre, das äl-
teste Süßwasserschiff der Welt. Es wurde im Jahr 1915 von der
deutschen Kolonialregierung als „Graf Götzen" in dem Hafen der
Meyer Werft in Papenburg an der Ems fertiggestellt. Nach einer
Seefahrt von Hamburg nach Daressalaam wurde es über Land
1400 Kilometer mit der gerade fertiggestellten Zentraleisenbahn
nach Kigoma am Tanganjikasee transportiert, wo es von einer
Mannschaft um den Schiffsbauingenieur Rütter zusammenge-
baut und zu Wasser gelassen wurde. Nach dem ersten Weltkrieg
tauften die Engländer das Schiff auf den Namen Liemba um.

Aber wir warteten damals vergeblich auf die Liemba, denn
sie lag – mal wieder- in Kigoma im Trockendock zu einer der
unzähligen Reparaturen.

Statt der Liemba bestiegen wir ein etwa gleichgroßes Schiff,
welches 16 Dörfer an der tansanischen Ostküste anlaufen sollte.

Zunächst warteten wir 3 Stunden lang, bis aus dem Dunst
über dem See die Konturen eines Schiffes sichtbar wurden. An
der Anlegestelle warteten hunderte Menschen auf die Ankunft
des Schiffes. Viele Passagiere hatten reichlich Gepäck mitgebracht, zu denen auch lebende Tiere gehörten. Das Ein- und Aussteigen vollzog sich mit einem Höllenlärm; rufende, schreiende
und lachende Stimmen wurden durch das Dröhnen des Schiffs-
hornes übertönt.

Säcke mit Früchten und Reis, Ziegen und Hühner wollten mitgenommen werden. Zahllose Kinder waren auf den Rücken ihrer Mütter, andere liefen mit ihren Müttern und Vätern zwischen den wartenden Menschen umher.

Wir bezogen unsere winzig kleine 1st class – 2-Bett-Kabine. Die Bewegung des Schiffes zeigte uns an, dass die Fahrt Richtung Norden startete. Die hygienischen Verhältnisse an Bord waren katastrophal.

Wir wussten nicht, ob die Umstände auf der Liemba besser gewesen wären.

Der Tanganjika-See ist ein schmales, lang gestrecktes Gewässer von 660 km Länge, das sich von Sambia im Süden bis nach Kigoma erstreckte. Früher wurde auch Bujumbura, die Hauptstadt von Burundi 50 Kilometer weiter von Kigoma im Norden angefahren. Wegen immer wieder aufflackernder Unruheherde in Burundi verzichtete man jedoch auf die Weiterfahrt nach Bujumbura. Auch die Häfen des Kongo an der Westküste des Sees wurden aus den gleichen Gründen schon lange nicht mehr angefahren.

Die Hügelkette des Kongo war vom Schiff aus zu sehen, nur abends blitzten Lichter herüber. Es gab aber keine Verbindung zu den dortigen Häfen, die nur etwa 60–80 Kilometer entfernt waren.

Die Fahrt ging von Mpulungu in Sambia bis nach Kigoma an der tansanischen Westküste.

In Tansania werden von Süd nach Nord 16 kleine Dörfer angefahren. Es gibt keine Straße entlang der tansanischen Seeküste, die Dörfer der Küste sind nur mit dem Schiff erreichbar. Undurchdringlicher Regenwald wird von tausenden Schimpansen bewohnt. Diese Primaten werden seit vielen Jahren von japanischen Zoologen erforscht. Diese müssen sich auf schwierigen Pfaden den Weg in den Urwald suchen.

Die Bewohner der Orte am See erwarten ungeduldig jede 2. Woche das Schiff, das sie mit der Außenwelt verbindet und das Passagiere und Waren zu anderen Plätzen transportiert. Das Eintreffen des großen Schiffes war an der Anlegestelle mit Unruhe und Chaos verbunden. Jeder wollte der Erste sein, der seine Waren und sich selbst auf dem Schiff unterbringen konnte. Berge von Gepäck wurden am Strand aufgereiht, zusammen mit den Passagieren, die die kleinen Zubringerboote zu stürmen versuchten. Boote rempelten sich gegenseitig an, manchmal kippten sie um und Passagiere, die nicht immer schwimmen konnten, fielen mitsamt ihrem Gepäck ins Wasser. Alles war mit Rufen, Schimpfen und Geschrei verbunden, der Kapitän des Schiffes beobachtete ruhig und schmunzelnd das bunte Treiben auf seiner Brücke. Wegen seines zu geringem Tiefgangs konnte das große Schiff nicht immer dicht an den Strand heranfahren und musste stattdessen in einem Abstand von manchmal 300 Metern vor Anker liegen.

Wir erfuhren von dem Kapitän, dass die 120 Jahre alte Liemba dringend reparaturbedürftig war, aber sie war nach wie vor das wichtigste Transportmittel auf dem Tanganjikasee. Sie wurde immer noch von der Besatzung und dem Volk am See heiß geliebt. Eine Frau sagte mir, ohne die Liemba könne sie sich ein Leben am See nicht vorstellen.

Das bunte Treiben um und auf dem Schiff konnte uns Fremde aus Europa nur begeistern. Es war wahrhaftig ein einmaliges Stück afrikanischen Lebens.

Das kongolesische Ostufer des Sees war von unserer Seite nicht einsehbar. Es gehörte zur kongolesischen Provinz Katanga, der rohstoffreichsten Provinz des ehemaligen Belgisch-Kongo, welche nach der Unabhängigkeit 1960 von Belgien unter dem Premierminister Patrice Lumumba die Selbstständigkeit anstrebte. Diese wurde ihm durch die frühere belgische Kolonialmacht und den amerikanischen Geheimdienst CIA unter beschämenden Umständen verweigert. Dem demokratisch gewählten Patrice Lumumba wurde eine Sympathie zur Sowjetunion fälschlicherweise nachgesagt. Er hatte jedoch nur bei den Vereinten Nationen um Hilfe gegen die belgischen Unterdrücker nachgesucht. Als ihm diese verweigert wurde schrieb er, ohne Sympathie für die Sowjetunion, ein Telegramm an Chruschtschow und bat ihn um Hilfe. Er schrieb nicht an den Machthabe der Sowjetunion, sondern er hoffte mit seinem Brief Hilfe für sein Land Katanga, um so seine Unabhängigkeit zu erreichen. Dieses Telegramm wurde sein Todesurteil. Kurz danach wurde er in Leopoldsville, dem späteren Kinshasa, nach Katanga geflogen und in der Nähe von Elizabethville, der Hauptstadt Katangas, am 17.1.1961 ermordet. Sein Nachfolger war Joseph Desiré Mobutu, dem die Belgier zusammen mit der CIA zu seinem Amt verhalfen. Mit ihm verhalfen die Länder Belgien und die Vereinigten Staaten von Amerika dem korrupteste Politiker Afrikas, der sein Land schamlos ausplünderte, an die Spitze der Republik Kongo. Lumumba war das unschuldige Opfer des sich entwickelnden Ostwest-Konflikts zwischen den Staaten des Westens und den Mächten des Ostblocks.

Mit seiner anklagenden Rede am Unabhängigkeitstag im Juni 1960, als der Belgische König als Repräsentant der früheren Kolonialmacht von ihm Dankbarkeit erwartete für den Fortschritt seines Landes, der aber nur durch die reichen Bodenschätze des Kongos erreicht werden konnte, antwortete ihm Lumumba sinngemäß: „Für was sollten wir dankbar sein? Dafür, dass man meine Landsleute wie Untermenschen behandelte, oder dafür, dass Sie unsere Bodenschätze seit hundert Jahren ausgeplündert haben, oder etwa dafür, dass unter der Herrschaft des „anthroposophischen" Königs Leopold II. 15 Millionen meiner Landsleute ihr Leben verloren haben?" Lumumba hielt diese Rede vor der gesamten Weltöffentlichkeit, der belgische König war schockiert, er hatte eine solche Anklage nicht erwartet. Diese Rede gilt noch heute als eine der bemerkenswertesten Reden des 20. Jahrhunderts. Sie war die Gesamtabrechnung der Eingeborenen Afrikas mit den Kolonialmächten der Weißen.

Die Entmachtung des Patrice Lumumba und seine Ermordung war eine unrühmliche, ja eine furchtbare Aktion der ehemaligen weißen Kolonialmächte, denen alles recht war, wenn es nur dem Vorteil der Westmächte über den systemischen Gegner in Osteuropa diente. In diese Tat sollte auch der damalige amerikanische Präsident Eisenhower verwickelt gewesen sein, der zuvor sein Einverständnis mit der Beseitigung Lumumbas erklärt hatte.

Am westlichen kongolesischen Ufer des Sees sah man abends in der Dunkelheit vereinzelt Lichter blitzen, während der Dunst über dem Wasser am Tage die weitere Sicht behinderte.

An der Steuerbordseite des Schiffes hatten Reisende einen stattlichen Hahn mit einem Bein an die Reling gebunden, was dem armen Tier offensichtlich überhaupt nicht behagte. Unseren beiden Amerikanerinnen tat der Vogel leid und sie versuchten ihn zu beruhigen, indem sie ihn mit Brotstücken fütterten. Wir kamen auf diese Weise mit den beiden Schönheiten wieder ins Gespräch. In Kigoma würden sich unsere Wege trennen, denn wir wollten von dort mit der Midland-Railway nach Daressalam fahren.

Am nächsten Vormittag erreichten wir unseren Zielhafen Kigoma, in dem wir die Liemba, die ehemalige „Graf Götzen" im Dock zur Reparatur liegen sahen. Es blieben uns noch 3 Tage bis zur Abfahrt des Zuges der Midland Railway.

Unsere beiden amerikanischen Freundinnen mussten ebenfalls auf ihre Weiterfahrt nach Bujumbura, der Hauptstadt der Republik Burundi, und von dort mit dem Flugzeug nach Nairobi warten. Wir schlugen ihnen vor, mit uns einen Trip nach Ujiji, dem Nachbarort von Kigoma, zu unternehmen und so die Wartezeit bis zur Abreise ihres Schiffes zu überbrücken. Die Mädchen nahmen unseren Vorschlag dankend an.

Wir mieteten zusammen ein Taxi und fuhren zu dem Ort, an welchem der englisch-amerikanische Journalist Henry Morten Stanley den schottischen Arzt und Forscher David Livingston gefunden zu haben behauptete. Dieser war im Auftrag der Royal Geographic Society auf der Suche nach den Quellen des Nils und glaubte irrtümlich sie mit dem Tanganjikasee gefunden zu haben. Stanley beschrieb in seinen Erinnerungen, er habe den gesundheitlich angeschlagenen Mann nach 4 Jahren Suchen 1971 in Ujiji mit seinen Begleitern unter einem Mangobaum entdeckt.

Livingston war seit mehreren Jahren verschwunden und niemand wusste, ob er noch lebte. Stanley schilderte dieses Wiedersehen in seinen Erinnerungen. Er habe Livingston mit den

Worten „Doktor Livingston, I presume" erleichtert die Hand gedrückt, denn er hatte den vermissten Mann endlich gefunden. Livingston sei krank, geschwächt und ausgehungert gewesen. Er habe die ihm angebotenen Speisen und Getränke dankbar angenommen, seinen Vorschlag aber, mit ihm zusammen nach England zurückzufahren habe er entschieden abgelehnt. Er sei mit seinen Begleitern nach Süden in Richtung Nordrhodesien, dem heutigen Sambia, zurückgereist.

Am 1.Mai 1873 starb Livingston in der Nähe von Ilala am Bangweulu-See. Seine treuen Begleiter Chuma und Susi trugen den balsamierten Leichnam 1800 Kilometer nach Bagamoyo am Indischen Ozean, wo er in einer kleinen Kirche, die noch heute seinen Namen trägt, niedergelegt wurde. Von Sansibar aus überführte man ihn nach England, wo er in der Westminster Abbey bestattet wurde. Livingston hatte seit Jahren nach den Quellen des Nils gesucht, aber die Quellen des Nils fanden später der Engländer John Henning Speke am Viktoria-See und der deutsche Gouverneur von Ruanda Richard Kandt, der den Kagera Fluss als einen der Quellflüsse des Nils identifiziert hatte.

In Ujiji, dem Ort, an dem Stanley und Livingstone einander im Jahr 1871 trafen, hat man 2 lebensgroße Puppen einander gegenübergestellt mit Stanleys Worten, die aus seinen Erinnerungen entnommen wurden: „Dr. Livingstone, I presume". Auf einem Tisch gab es ein Gästebuch, in das die Besucher ihren Namen und Nationalität eintragen konnten. Unsere beiden Amerikanerinnen fanden die Puppen lustig, wenn auch ein wenig kitschig.

Henry Morton Stanley hat sein Treffen mit Livingstone in seinem Buch „How I found Dr. Livingstone" minutiös geschildert, auch die angebliche Begrüßungsformel hat er wiedergegeben. Da außer ihm und Livingstone kein Weißer anwesend war – seine Begleiter waren tot, die Einheimischen sprachen nicht Englisch –, muss man sich auf seine Angaben verlassen.

Nach unserem Besuch in Ujiji, dem Nachbarort von Kigoma, kehrte wir zurück zu der Hafenstadt Kigoma. Wir hatten noch 2 Tage bis zum Start unserer 1400 Kilometer langen Eisenbahnfahrt nach Daressalaam. Wir suchten für uns und die beiden hübschen Amerikanerinnen ein Hotel, in welchem wir zu Abend essen und anschließend übernachten, konnten. Wir wählten für den Dinner das Kigoma Hilltop Hotel, das beste Hotel am Platze. Die Abendluft war mild. Wir saßen auf der Hotelterrasse mit Bick über den Hafen, in der Ferne blinkten schwach die Lichter des kongolesischen Westufers. Ein schwerer Rotwein löste unsere Zungen, wir verbrachten den Abend in fröhlicher Runde. Die jungen Damen lachten und erzählte viel und munter, wir genossen den wunderbaren Abend zu viert. Das dunkelhaarige Mädchen saß eng neben mir, ihre dunklen Augen blickten tief und zärtlich in mein Gesicht, als wollten sie niemals woanders hinblicken. Ihre schön geschwundenen Lippen waren leicht geöffnet und gaben beim Lachen den Blick frei auf eine Reihe regelmäßiger Zähne. Mein Freund merkte wohl, dass sich zwischen mir und dem Mädchen eine Romanze anbahnte. Er hob die Augenbrauen hoch und verzog den Mund zu einem leichten spöttischen Grinsen. Er war mit dem blonden Mädchen in ein lebhaftes Gespräch vertieft, dass aber nicht in die gefühlsmäßige Tiefe abglitt wie die Unterhaltung zwischen mir und der Dunkelhaarigen.

Der Abend schritt unaufhaltsam fort. Draußen auf dem See liefen die Fischerboote aus dem Hafen mit ihren langen Stangen zu jeder Seite, an denen die Netzte in das Wasser eintauchten. An jedem Boot hingen helle Laternen, welche die Killifische und die Sardinen des Sees nach oben in ihr Verderben, nämlich in die Netzte der Fischer lockten. Der rhythmische Gesang der Fischer hallte über das Wasser und entfernte sich mit der Zeit immer mehr. Unsere Gespräche wurden auch immer leiser, die Kerzen in den Glaszylinder wurden von Zeit zu Zeit von den Wärtern erneuert, aber sie wurden dann mit der Zeit immer kleiner. Auch die moscitocoils waren fast abgebrannt. Wir waren die einzigen Gäste, deren Abschied die unruhigen hin- und herlaufenden Wärter sehnlichst erwarteten.

Wir hatten getrennte Zimmer, aber als wir uns verabschiedeten, hängte mein Mädchen ihren Arm an meinen Gürtel. Ich strich ihren Körper hinunter und fühlte die Konturen ihres

Gesäßes, während sie meine rechte Wange küsste. Wir verabschiedeten uns von meinem Freund und seiner Begleiterin. Wie selbstverständlich nahmen wir zusammen den Weg in den ersten Stock, in dem mein Zimmer lag.

Am folgenden Morgen war der Abschied unserer beiden Amerikanerinnen. Sie hatten eine Fähre von Kigoma nach Bujumbura gebucht, der Hauptstadt des Nachbarlandes Burundi. Sie werden vom dortigen Flughafen über Nairobi und weiter in die USA fliegen. Wir sagten „adieu" zu den beiden Mädchen, meiner dunkelhaarigen neuen Freundin liefen Tränen über die Wangen. Sie fragte mich, wann und wo wir uns wiedersehen würden. Ich erwiderte, wir würden morgen mit der Midland-Railway zurück nach Daressalaam fahren. Von dort würde mein Freund einen Trip in die Serengeti unternehmen, die ich in den vergangenen Jahren bereits zweimal besucht hatte. Ich müsste meinerseits weiter nach Ruanda in die Universitätsklinik von Butare fahren, wo ich noch einige Jahre als „senior expert" zu arbeiten hatte. Mein Freund würde zum Ende seines Urlaubs zurück nach Deutschland fliegen. Ich sagte meinem Mädchen, ich würde mich bald über ihren Besuch bei mir in Ruanda freuen. Mein Haus in Pangani würde sie erwarten.

Midland Railway

2 Tage später standen wir mit Gepäck vor dem imposanten Bahnhofsgebäude, angeblich dem schönsten Bahnhof des Afrikas südlich der Sahara (Subsaharan Africa). Er wurde, wie die gesamte Zentraleisenbahn Tanganjikas, in den ersten Jahren des 20. Jahrhunderts von der deutschen Firma Philip Holzmann im sog. Wilhelminischen Barock errichtet. Diese Firma bot sich als das am besten geeignete Unternehmen an, hatte sie doch durch den Bau der Bagdad-Bahn zuvor einschlägige Erfahrung gesammelt.

Eigentlich sollte der deutsche Kaiser zur Eröffnung der Eisenbahn nach Afrika kommen, musste seinen Besuch aber aus den bekannten Gründen abblasen. An den Bahngeleisen findet man in Kigoma Stahlschwellen mit dem Namen deutscher Firmen wie „Krupp" oder „Dortmunder Union" und der Jahreszahl 1911. Dies bewies, dass seit dem Rückzug der Deutschen an dem Gleisbett der Bahn keine Instandsetzungsarbeiten durchgeführt wurden.

Wir hatten für die Rückreise nach Daressalam ein Abteil Erster Klasse mit 2 Etagenbetten gebucht. Als wir das Abteil gefunden hatten, waren wir vom Zustand der Einrichtung schockiert. Der dunkelrote Kunstlederbezug der Sitzbank war so schadhaft, dass die Sprungfedern aus der Sitzfläche herausragten. Ein vorbeikommender Angestellter der Eisenbahn warf auf unsere Bitte einen Blick auf das Möbel und führte uns dann in ein anderes Abteil, in dem das Sitzpolster zwar nicht vor Schönheit glänzte, aber doch intakt war.

Da es inzwischen später Nachmittag war, mussten wir uns auf die erste Nacht im Zug vorbereiten. Morgen Abend stand uns eine weitere Nacht bevor, für den übernächsten Vormittag war die Ankunft in Daressalam vorgesehen. Die mittlerweile fast 100-jährigen Geleise aus deutscher Kolonialzeit ließen eine Reisegeschwindigkeit von maximal 50 km pro Stunde zu. Es waren wohl noch die alten Geleise, wie wir am folgenden Tag bei Licht zu erkennen meinten. Insgesamt war eine Strecke von 1300 km zurückzulegen. Wir wussten nicht, ob es die alten Geleise oder die verrotteten Waggons waren, die offenbar, wie in Afrika üblich, kaum jemals überholt oder gewartet wurden, jedenfalls machte unser Wagen in jeder Kurve so gewaltige Schlingerbewegungen, dass wir allen Ernstes manchmal glaubten, der Zug würde aus den Geleisen herausgeworfen. Vermutlich lag die Ursache sowohl bei den Geleisen als auch an der miserablen Federung der Wagen. Am folgenden Tag sahen wir neben den Geleisen liegende Waggons, die an ein schweres Zugunglück mit 30 Toten erinnerten.

Der Zug hielt unterwegs an zahlreichen Stationen. Leute stiegen ein und aus, Waren wurden verladen und entladen. Händler liefen neben den Waggons auf und ab und priesen ihre Waren mit lautem Rufen an. Ein Mädchen saß vor einem der Wagons auf der Erde, in großen Korbschüsseln hatte sie Erdnüsse und Bananen ausgebreitet.

Als ich mich mit meiner Kamera aus dem Fenster beugte, um das am Boden sitzende Mädchen zu fotografieren, kam ein junger Kerl vorbeigerannt und schlug mit seiner Faust gegen meine Hand, sodass ich meine Kamera fallen ließ. Sie wurde von dem Dieb blitzschnell aufgefangen, der damit wegrannte. Mein erster Reflex war, sofort hinter ihm herzulaufen, aber dann wurde es mir rasch klar, dass diese Bemühung vergeblich gewesen wäre. Meine Wut darüber, durch meine Dummheit meine Kamera verloren zu haben, legte sich erst nach einigen Stunden. Ein wenig Trost fand ich erst, als mein Freund mir anbot, seine eigenen Bilder für mich zu kopieren.

Die Midland-Railway wurde in den ersten Jahren des 20. Jahrhunderts von den Deutschen fertiggestellt. Sie ist zweifellos ein wichtiges Transportmittel, sowohl für Menschen als auch für die zahlreichen landwirtschaftlichen Produkte der Region. Unverständlich ist es für mich, dass die deutsche Regierung die Reparatur der Eisenbahn den Chinesen überlassen will.

Der Zug lief planmäßig in Daressalam ein. Bei unserer Ankunft empfing uns auf dem Bahnsteig eine Blaskapelle mit uniformierten Musikern. Es war möglich, dass dies der übliche Empfang für jeden Zurückkehrenden Zug war.

Einen anderen Grund konnten wir jedenfalls nicht erkennen.

4 Wochen waren Klaus und ich unterwegs gewesen, bis wir uns an unserem Ausgangspunkt in Daressalam verabschiedeten. Für mich war es Zeit, zurück nach Ruanda in meine Klinik zu fliegen, Klaus wollte noch eine Tour durch die fantastische Serengeti und den vor langer Zeit erloschenen Ngorongoro-Krater unternehmen, bevor er nach Deutschland zurückkehrte.

NACH DEM GENOZID

9 Jahre waren seit dem Völkermord in Ruanda vergangen, als ich im Jahr 2003 im Auftrag des Deutschen Entwicklungsdienstes zu einer mehrjährigen Tätigkeit in das Land zurückkehrte, in welchem sich zuvor der Genozid abgespielt hatte.

Als ich mit anderen Helfern im August 1994 mit Care zu einer Behandlung der verheerenden Cholera-Epidemie in die Flüchtlingslager in der Umgebung von Goma im Osten des Kongos gerufen wurde, kannten wir sehr wenig von der Vorgeschichte des Völkermordes.

Inzwischen hatte ich mich nicht nur über die unmittelbaren Ereignisse des Genozids, sondern auch über die mögliche Schuld der Europäer an den Zerwürfnissen der afrikanischen Völker informiert. Schnell fertig war der ehemalige französische Präsident Mitterand mit seiner Behauptung, es seien mal wieder die üblichen Massaker in Afrika, man kenne das ja bereits zur Genüge. Aber der Konflikt reichte tief zurück ins 19. Jahrhundert. Niemals zuvor hatte es in der Geschichte Afrikas ein so furchtbares und langanhaltendes Gemetzel gegeben. Erst unter dem Einfluss der Europäer entstand der Hass und der Vernichtungswille unter der schwarzen Bevölkerung. Welches war der Einfluss der Weißen auf das Denken und Fühlen der von ihnen kolonisierten Menschen des afrikanischen Kontinents. Es wäre verfehlt, die Schuld nur bei einem der kolonisierenden Mächte zu suchen. Es handelte sich vielmehr um das in Europa überall vorherrschende Überlegenheitsgefühl der Europäer gegenüber der schwarzen Bevölkerung, deren kulturelle Leistung man als nicht beachtlich ansah. Der englische Kolonialbeamte, der später Präsident des südafrikanischen Staates wurde, tönte allen Ernstes, die Völker Afrikas könnten froh und dankbar sein darüber, dass sie von dem Land mit der höchsten Stufe der Zivilisation aufgenommen wurden.

Auch zu der westafrikanischen Konferenz in Berlin, der sog. Kongokonferenz, die der Reichskanzlers Otto von Bismarck auf Wunsch des belgischen Königs Leopold II. in den Jahren 1884/85 einberufen hatte, wurde nicht ein einziger afrikanischer Staat unter den 14 Teilnehmerländern eingeladen. Ihre Heimat betrachtete man als „terra nullius" (herrenloses Land), welches man mit Federstrichen unter sich aufteilen konnte. Der „scramble for africa" bezeichnete die Kolonisation des Kontinents ohne oder gar gegen den Willen der afrikanischen indigenen Bevölkerung.

Allgemein war unter den Europäern die Überzeugung verbreitet, die „unterentwickelten" Ländern aus ihrer dumpfen Vergangenheit auf ein höheres zivilisatorisches und kulturelles Niveau „heben" zu müssen. Schon durch ihre christliche Religion wären die Weißen den indigenen Afrikanern, die noch im 19. Jahrhundert im Glauben an ihre Natureligionen verharrten, überlegen.

Im Gefolge dieser Hybris übersahen die meisten Europäer, dass sie mit ihrer „Eingeborenenpolitik" die Buntheit des afrikanischen Lebens und ihre tiefen kulturellen Wurzeln nicht verstanden hatten. Sie wollten eine Eindeutigkeit herstellen, wo tatsächlich nur eine schwer überschaubare Vielfalt herrschte (Sebastian Conrad in „Deutsche Kolonialgeschichte", Humboldt-Universität Berlin). Dies ließ sich auch in dem von Europäern festgestellten Unterschied zwischen **Hutus und Tutsis in Ruanda beobachten. Hier wurden „ethnische Gruppen in einer Trennschärfe unterschieden, die es zuvor in einer Alltagspraxis so nicht gegeben hat". (S. Conrad). Hutus und Tutsis hatten Jahrhunderte, bevor die Europäer kamen, friedlich miteinander gelebt. Wenn es ursprünglich ethnische Unterschiede gegeben hatte, so wurden diese im Laufe der Jahrhunderte durch Heirat so weit verwischt, dass man sie als Außenstehender nicht erkennen konnte.**

Der französische Historiker Gérard Prunier, ein profunder Kenner Ostafrikas und namentlich Rundas, schildert ausführlich die „aus dem Nichts" entstandenen Differenzen zwischen den beiden genannten Volksgruppen (s.sein Buch: „The Rwanda Crisis“). Nach vielen anderen in seinem Buch geschilderten Beispielen ging der Hass zwischen diesen Völkern so weit, dass die Hutus sich in die irrsinnige Behauptung verstiegen, ihre Frauen würden von den Europäern missachtet, weil die Tutsifrauen als schöner und begehrenswerte angesehen würden.

Der ruandische Präsident Pal Kagame, selbst ein Tutsi, versuchte in den Jahren nach dem Genozid, die Erinnerung an die schrecklichen Ereignisse in den Köpfen seiner Landsleute zu tilgen. Es sollte keine Hutus und Tutsis mehr geben, sondern nur noch Ruander. Es war nun verboten, die alten Stammesbezeichnungen weiter zu gebrauchen. Dass der Präsident sich dabei sehr viel, gewiss sogar zu viel vorgenommen hatte, wusste er sicher selbst. Kann man böse Erinnerungen durch eine Anordnung, durch höchste Befehle, aus dem Gedächtnis der Menschen verschwinden lassen? Wann und wo wäre das jemals gelungen?

Hilfsorganisationen glaubten, durch Umerziehungsprogramme verhindern zu können, dass sich diese schrecklichen Ereignisse jemals wiederholen würden. Die Regierung des Landes schien nicht zu verstehen oder sie wollte es nicht wahrhaben, dass die furchtbaren Erinnerungen bei ihren Mitbürgern tief in den Seelen verankert waren. Die ausländischen Hilfsorganisationen hatten es oft nicht verstanden, was sich vor und während des Genozids in dem Land abgespielt hatte. Hastige Erklärungsversuche für die einstigen Gräueltaten waren nicht selten von der Wirklichkeit weit entfernt. Auch angebliche Analogien zu ähnlichen Vorkommnissen in Europa trafen in Wirklichkeit nicht die Ursachen in dem völlig anders gearteten afrikanischen Land.

Ich kam mit meiner afrikanischen Lebensgefährtin ins Land des ehemaligen Genozids, weil der Deutsche Entwicklungsdienst mir dort eine frei gewordene Stelle als „Senior Expert“ in der Universitätsklinik angeboten hatte. Dass ich nun in dieses Land „zurückkam“, deren Menschen ich 9 Jahre zuvor im Osten des Kongo in den Flüchtlingslagern getroffen und behandelt hatte, war nicht geplant, von mir nicht einmal gewünscht.

Die Erinnerungen an meine Erlebnisse in den Lagern waren in meinem Kopf in vielen Einzelheiten präsent, als wären sie gestern gewesen. Damals hatte ich das Morden in dem Land nicht gesehen. Es war etwa 6 Wochen vorüber, als ich mit anderen Helfern ins Land kam. Man hatte uns gerufen wegen einer verheerenden Cholera-Epidemie. Die Ereignisse, die sich davor abgespielt hatten, waren uns allen nach unserer kurzen Vorbereitungszeit rätselhaft geblieben. Jetzt aber, nach 9 Jahren, war mir die Vorgeschichte des Völkermordes viel besser als damals bekannt. Während meiner monatelangen Vorbereitungszeit in Deutschland auf meinen Einsatz in der Klinik in Afrika hatte ich viele Bücher gelesen und Vorträge gehört. Nun aber war ich auf dem Weg zurück zu diesen Menschen, und ich war gespannt darauf, das Volk wiederzusehen, das ich damals in den Flüchtlingslagern in seinem Elend, seiner Hilflosigkeit und Not kennengelernt hatte. Was war aus diesen Menschen geworden, wie lebten sie miteinander und wie hatten sie seitdem gelernt, ihr Leben und ihren Alltag neu einzurichten?

Wir wurden am Flughafen von der damaligen Landesdirektorin herzlich begrüßt und als Neulinge im Team der „Entwicklungshelfer" willkommen geheißen. Ich hatte zuvor etliche andere Großstädte im subsaharischen Afrika gesehen. Diese Landeshauptstadt machte bei meiner Ankunft denselben chaotischen und heruntergekommenen Eindruck wie viele andere Städte dieses Kontinents auch. Der Autoverkehr war wild und unübersichtlich, jeder versuchte durch Lautes Hupen für sich eine Vorfahrt zu erzwingen. Motorräder wedelten mit gefährlichen Schwüngen zwischen den Autos hin und her wie Abfahrtsläufer auf einer Skipiste, nur dass Unfälle hier anders als auf den Skipisten für Fahrer und die Passagiere auf dem Rücksitz meistens im Krankenhaus endeten. Bettelnde Menschen streckten den Vorbeigehenden ihre dürren Arme entgegen, Frauen hielten Mitleid heischend ihre Kinder vor die Fremden. Neben den Straßen, auf denen der Autoverkehr pausenlos brauste, waren aus Holzbrettern und Pappkartons wellblechgedeckte Elendsquartiere zusammengenagelt, in denen oft unglaublich viele

Erwachsene und Kinder lebten. Die Kinder spielten fröhlich in ihren Elendshütten und waren nur froh, nahe bei ihren Eltern zu sein.

Millionen hatten nach dem Genozid Zuflucht in den Flüchtlingslagern des Kongos Schutz gesucht. Die meisten von ihnen waren nicht gekommen, weil sie um ihr Leben fürchten mussten, sondern weil ihnen die Täter, die das Blut der Ermordeten noch an den Händen hatten, einredeten, die Befreier würden nun alle Hutus aus Rache umbringen. Was weder die Soldaten der Vereinten Nationen noch westliche Länder geschafft hatten, gelang nun den Soldaten des Generals Kagame, die aus dem nördlich gelegenen Uganda gekommen waren. Inzwischen waren die meisten Flüchtlinge aber freiwillig wieder in ihre Heimat zurückgekehrt, manchmal unter dem Druck der Gastländer, für die die große Masse der Geflüchteten eine zunehmend unerträgliche Last geworden war.

In der Landeshauptstadt Kigali fand ich zunächst wenig Spuren der Ereignisse von damals. Die Menschen waren freundlich und liebevoll zueinander, bei der Begrüßung umarmten und küssten sie sich auf die Wangen, so wie sie es bei den Franzosen gesehen hatten. Ich konnte es anfangs nicht glauben, dass dies dieselben Menschen waren, die sich Jahre zuvor manchmal auf bestialische Weise gegenseitig umgebracht hatten. Wenn ich mit meinem PKW oder einem Minibus von Kigali zu meinem Wohnort in Butare fuhr, sah ich Hunderte verlassene Häuschen, die meisten aus Lehm gebaut, deren hohle Fenster auf die Straße zu starren schienen, wenn sie nicht zugenagelt waren. Auch die Türen waren mit Balken oder Brettern versperrt. Jeder Vorbeifahrende konnte sehen, dass hier niemand mehr wohnte. Anfangs wunderte mich, dass ich in diesem überbevölkerten, kleinen Land, dessen Bevölkerungsdichte die höchste in ganz Afrika war, so viel Wohnraum ungenutzt leer stand, wenn er auch oft aus winzigen Häusern bestand. In keinem dieser verlassenen Häuser entdeckte ich ein Lebenszeichen, weder Menschen noch Haustiere schien es dort zu geben. Auf die Wand eines dieser Häuser hatte jemand mit dicken, weißen Pinselstrichen die Wörter „Goma 1994" aufgemalt. Jeder konnte wissen, was dies bedeutete. Der frühere Besitzer dieses Häuschens war in dem Flüchtlingstreck des Jahres 1994 in die Umgebung der Stadt Goma des Kongos gekommen und hatte dort in einem der Flüchtlingslager gehaust. Dort hatte ihm und vielen anderen die Choleraepidemie das Leben gekostet. Er würde also nie mehr zurückkehren. Nun ahnte ich, wo die vielen anderen früheren Bewohner der unzähligen verlassenen Häuser geblieben waren. Auch sie waren einem Unglück, einer Epidemie oder einem Mord zum Opfer gefallen. Später konnte ich diese Schrift auf dem Haus nicht mehr finden, man hatte sie anscheinend verschwinden lassen. Warum aber waren die anderen Häuser unbewohnt geblieben, obwohl der Wohnraum in diesem Land so knapp war? Die Erklärung hörte ich irgendwann von einer Ruanderin, die mir sagte, dass Häuser von Verstorbenen später nie mehr von anderen bewohnt würden, weil man allgemein glaubte, dass verlassene Häuser nach dem Tod ihrer früheren Eigentümer von bösen Geistern bewohnt würden. Man sprach von „mauvais esprit" und meinte damit einen Fluch, der in das verlassene Haus eingezogen war. Aberglaube war in den meisten Ländern des subsaharischen Afrikas verbreitet, wie einige hundert Jahre zuvor in Europa. Fremde erfuhren von diesem Geisterglauben meistens nichts, es sei denn, eine Einheimische hätte das Rätsel gelöst.

Es führte zu nichts, wenn man die Menschen nach ihren Erlebnissen während des Völkermordes fragte. Die ehemaligen Täter, von denen es in jedem Dorf und jeder Stadt noch immer viele gab, würden sich natürlich hüten, ihre Untat zuzugeben. Aber auch Opfer des Genozids, die sich meistens noch sehr genau daran erinnerten, was ihnen selbst oder ihren Angehörigen angetan worden war. Doch manchmal brach die Erinnerung aus ihnen heraus, und sie erzählten ihre Geschichten auch Fremden, wenn diese ihr Vertrauen gewonnen hatten. Je länger ich in dem Land lebte, desto häufiger hörte ich oft grausame Erzählungen der Opfer von einst. Wie sie seitdem mit ihren Erinnerungen fertig geworden waren?

Ich fuhr einmal eine Gruppe von 4 Personen zu dem Besuch in eine entlegenen Klinik, in der eine beim DED ebenfalls tätige Ärztin arbeitete. Ich saß am Steuer des Autos, dass ich selbst in Afrika gekauft hatte, und eine Sekretärin unserer Organisation saß neben mir. Ich erfuhr, dass sie während des Genozids Schutz gefunden hatte in dem „Hotel Des Mille Collines", das später durch einen Film Berühmtheit erlangte, weil dort durch den mutigen Einsatz des Hoteldirektors Rusesabagina Hunderte Menschen dem sicheren Tod entkommen konnten.

Ich fragte diese Frau nach ihren Familienverhältnissen und danach, ob sie wie die meisten Frauen ihres Landes Kinder hatte. Sie antwortete, sie sei nicht verheiratet und hätte auch nicht die Absicht zu heiraten. Auf meine weitere Frage erwiderte sie, sie hätte eine zu große Angst, einem Hutu in die Hände zu fallen. Sie wüsste genau, dass sie nie im Leben einen Angehörigen dieses Volksstammes heiraten würde. Warum nicht? Weil man doch niemals wissen könnte, was solchen Menschen noch für Untaten einfallen würden, schließlich hätten sie doch vor einigen Jahren Hunderttausende ihres eigenen Volkes auf schreckliche Weise umgebracht. Als ich das hörte, lief mir ein Frösteln durch die Glieder, und mir wurde bewusst, wie weit dieses Volk noch von einer Versöhnung entfernt war. Hatten die ausländischen Organisationen gewusst, wie weit der Weg noch war für dieses Volk bis zu einer Normalisierung? Wie konnte es jemals gelingen, im Herzen dieser Menschen durch alle möglichen Lern- und Schulungsprogramme Frieden einkehren zu lassen?

Ich bewohnte mit meiner tansanischen Frau ein großes, im Bungalowstil errichtetes Haus in der Stadt Butare südlich von Kigali, in welcher die von den Belgiern im Jahr 1962 gegründeten Universität ursprünglich gestanden hatte. Der Deutsche Entwicklungsdienst hatte das Haus für uns angemietet. Es war geräumig, wir hatten 3 Schlafzimmer, einen Büroraum, ein großes Wohnzimmer mit Kamin, dazu 2 Badezimmer, eine Küche mit Gasherd und eine geräumige Terrasse. Für meinen Computer hatte ich Internetanschluss, außerdem besaßen wir ein Festnetztelefon. Das Haus wurde ringsherum von einem Garten eingerahmt, der zwar insgesamt nicht sehr groß war, aber über einige Bananenstauden, einen Papaya-Baum und einen großen Zitronenbusch verfügte. Hinter dem Haus befand sich ein Gemüsegarten, der uns frische Beilagen zu unseren Mahlzeiten lieferte. An 2 Seiten des Gartens wuchsen dekorative, flammend rote Bougainvillea, auf denen abends unsere 3 Hennen zusammen mit einem stimmgewaltigen Hahn die Nacht verbrachten. Von dem Hahn wurden wir allmorgendlich geweckt, wenn er mit den zahlreichen Hähnen der Nachbarschaft einen langanhaltenden Kräh-Wettbewerb veranstaltete. Die Bananenbüsche lieferten uns so viele Früchte, dass ich mehrmals im Jahr eine große Staude für unsere Patienten mit in die Klinik nehmen konnte.

An einem Samstagvormittag *bek*amen wir Besuch von dem Eigentümer unseres Hauses. Es war ein junger Architekt, mit dem wir auf unserer Terrasse Tee tranken. Er gehörte zum Volksstamm der Tutsi. Er war von mittelgroßer, untersetzter Statur und besaß nicht das angeblich für die Tutsis typische äußere Erscheinungsbild einer hoch gewachsenen, schlanken Gestalt mit einer schmalen Nase. Es war aber fatal, dass die Europäer, hier besonders die Belgier, den angeblichen Unterschied in der ruandischen Bevölkerung mit einem Stempelabdruck im Personalausweis festschreiben wollten, womit sie Neid, Hass und Unfrieden im Land gesät hatten. Das Massaker an den Tutsis während des Genozids ist ein furchtbarer Beweis für einen Irrweg, den sich Europäer in dem Land haben zuschulden kommen lassen.

Unser Besucher an diesem Samstagvormittag besaß keines der angeblich typischen Tutsi Merkmale, aber er musste bei seiner Rückkehr aus Kinshasa entsetzt feststellen, dass man ihn selbst und seine Familie als dem Volk der Tutsis zugehörig angesehen hatte. Die grausamen Milizionäre der Genocidaires Interahamwa hatten seine gesamte Familie in seiner Abwesenheit ausgerottet. Dazu gehörte seine Schwester mit ihren 6 Kindern sowie ihr Ehemann und seine Eltern. Ort der Tat war das Haus, in welchem wir seit unserer Ankunft in dieser Stadt wohnten. Uns gegenüber hatte man die Vorgeschichte dieses Hauses zwar nicht zugeben wollen, aber wir fanden im Inneren der Wohnung unzweideutige Hinweise auf das, was die Mördermilizen hier angerichtet hatten.

Man vermag sich nicht vorzustellen, was der junge Mann bei seiner Rückkehr aus Kinshasa zu Hause vorgefunden hat.

Er sagte uns, es habe lange gedauert, bis er den Verlust seiner Angehörigen verwunden hatte – was könnte man sonst erwarten? Aber der Hass, den er für die Mörder seiner Familie verspürte, würde nie vergehen. Vergessen konnte er nichts, aber auch verzeihen könne er den Tätern von damals nicht. Noch Jahre nach seiner Rückkehr aus Kinshasa habe man ihm manchmal Personen gezeigt, die einst auch an der Ermordung seiner Angehörigen beteiligt waren. „Aber was sollte ich gegen diese Menschen unternehmen? Sie würden alles abstreiten, und Zeugen der Tat ließen sich später nicht mehr finden."

Meine afrikanische Frau und ich waren stumm vor Entsetzen. Meine Frau stammte aus Tansania, aber auch für sie waren die Ereignisse von damals in Ruanda kaum zu fassen.

Memorial Day 10 years after Genocide

Fast 1 Jahr nach unserer Ankunft in dem Land jährte sich der Beginn des Genozids zum zehnten Mal. Es war der „memorial day", der Tag, an dem das Flugzeug des damaligen Präsidenten Juvénal Habyarimana unweit von Kigali am 6.4.1994 abgeschossen wurde. Wider besseres Wissen nach unwiderlegbaren Tatsachen wurden Tutsis für den Abschuss des Präsidentenflugzeuges verantwortlich gemacht. Dass das nun einsetzende Massaker an den Tutsis aber von langer Hand vorbereitet war, zeigte sich bereits kurz nach dem Tod des Präsidenten. Es gab sogar Listen, auf denen die Namen der späteren Opfer standen und die nun den Mördern als Vorlagen dienten. Wenige Stunden nach dem Tod des Präsidenten begann das Massaker an den Tutsis und einigen wenigen Hutus, das 3 lange Monate andauerte. Die

Täter waren manchmal Nachbarn, die zuvor mit ihren Opfern friedlich zusammengelebt hatten, oder es waren Angehörige der „gardes présidentielle", der sogenannten Präsidentengarde. Auch die Interahamwa-Milizionäre zogen in furchtbarem Blutrausch durch das Land und brachten ihre Mitbürger um, wenn es sich um Tutsis handelte. Zuvor waren sie jahrelang durch Rundfunk und Zeitungen tagein, tagaus aufgehetzt worden, weil man ihnen sagte, der Stamm der Tutsis gehöre nicht in das Land der Ruander, sie sollten dahin gehen, wo ihre Vorfahren hergekommen waren. Nur: Wo war das denn? Und waren das nicht Sprüche, die in meinem Heimatland vor 80 Jahren auch zu hören und zu lesen waren, als damals in dem nationalsozialistischen Hetzblatt „Der Stürmer" die Juden als artfremde Rasse bezeichnet wurden, die in Deutschland nichts zu suchen hatte? Als ich nun in der zentralen Gedenkstätte in Gisozi in Kigali diese Sprüche hörte und las, welche den Deutschen aus der Zeit des „dritten Reiches" bekannt vorkamen, so war ich entsetzt, dass dieses ferne Land in Afrika einen solchen Lehrmeister aus vergangener Zeit in Deutschland gefunden hatte.

Der 10. Jahrestag war ein landesweiter Gedenktag. Überall, in Stadien, auf Straßen, Plätzen, auf Friedhöfen und in Versammlungsräumen, gab es Gedenkveranstaltungen. Eine davon fand in der Aula der Universität von Butare statt, an der ich mit einer Reihe von deutschen und ruandischen Freunden und Bekannten teilnahm. Die Halle fasste etwa 3000 Personen, jeder Platz war besetzt.

Es wurden Vorträge gehalten, Theaterspiele sollten die Ereignisse von damals ins Gedächtnis zurückzurufen. Am besten in Erinnerung geblieben ist mir die ergreifende Schilderung einer Frau.

Sie saß, während sie sprach, auf einem erhöhten Platz und berichtete von dem Tag, als die Mörderbanden in ihr Haus eindrangen, um ihren Ehemann, einen Tutsi, mit Macheten niederzumetzeln.

Während sie sprach, wurde sie immer wieder von Weinkrämpfen geschüttelt und konnte minutenlang nicht weitersprechen.

Ich saß mit meinen Begleitern in einer der vorderen Reihen. Während die Frau sprach, schaute ich mich rückwärts nach allen Seiten um und sah, dass überall Zuhörer in ihre Taschentücher weinten. Ich gestehe, dass auch mir die Tränen die Wangen hinunterliefen.

Die damaligen Mörder gehörten entweder zur Präsidentengarde oder zu den „Interahamwe-Milizen". Es waren nach Beobachtung von Gérard Prunier beschäftigungslose, herumstreunende junge Männer, „carwasher", die sich dankbar in diese Mörderbanden einreihten. Sie zogen wie in einem Blutrausch durch das Land und schlachteten wahllos Menschen auf Straßen und Plätzen, in Kirchen und Schulen, selbst in Krankenhäusern mit Macheten ab, wenn sie glaubten, die Opfer gehörten zu dem verhassten Volksstamm der Tutsis. Sie errichteten Straßensperren und ließen sich von den Vorbeikommenden die Ausweise zeigen, in denen die Volkszugehörigkeit ohne Sinn und Verstand eingestempelt war. Immer wenn ein armer Mensch eine Ausweiskarte mit dem Vermerk „Tutsi" vorzeigen musste, hatte er oder sie das Leben verloren. Gab es in meinem Heimatland nicht vor Jahrzehnten etwas Ähnliches? Mussten damals nicht auch Menschen den „Judenstern" an ihrer Kleidung tragen und in ihren Ausweisen den Stempel „Jude"? Ich musste häufig daran denken, dass die Ereignisse während des Dritten Reiches in Deutschland hätten ein Vorbild sein können für das, was nun in dem kleinen afrikanischen Land geschehen war. Es änderte nichts daran, dass diesmal der Eintrag „Tutsi" in die Ausweise ein Versehen war durch eine unbedachte und überflüssige Anordnung der belgischen Kolonialherren, die fatalen Auswirkungen waren fast dieselben wie damals in Deutschland.

Wie Unrecht hatte doch der frühere französische Präsident Mitterand, dem man von dem Gemetzel in Ruanda berichtete. Sein Kommentar dazu war, dass es sich mal wieder nur um Unruhen in einem afrikanischen Land handelte, wie schon so oft. Aber es betraf eben nicht nur Völker, die man glaubte aus der Steinzeit befreit zu haben, sondern auch Völker wie einst das deutsche, das von sich selbst glaubte, es hätte den Gipfel der menschlichen Zivilisation erklommen. Auch sie waren nicht sicher vor einem Rückfall in eine archaische Barbarei.

Diese Vernichtungswut, die immer wieder die menschliche Rasse seit Beginn ihres Bestehens heimsuchte, ist beispiellos unter allen bekannten tierischen Lebewesen und sie lässt sich durch kein Fortschreiten der intellektuellen Leistungsfähigkeit des menschlichen Gehirns abwenden. Viele der Menschen, die sich während der furchtbaren 12 Jahre in Deutschland ihre grausamen Taten ausdachten, ausübten und rechtfertigten, gehörten der intellektuellen Elite ihres Landes an, bevor sie in eine Art von Wahnsinn verfielen.

Als die Gedenkveranstaltung in der Aula der Universität vorüber war, begann ich zu verstehen, wie tief die Spuren des Schreckens in der Seele der Menschen auch nach 10 Jahren noch geblieben waren. Die Fröhlichkeit und Herzlichkeit, die man bei der Begegnung der Menschen untereinander festzustellen glaubte, war äußerer Schein, der die nicht verheilten Wunden verdeckte. Wie konnte es auch anders sein nach den wenigen Jahren, die seitdem vergangen waren! Mistrauen und Furcht waren bei den Opfern des Genozids zurückgeblieben.

Gisozi

Es gab in der Hauptstadt Kigali eine zentrale Gedenkstätte für die Ereignisse des Genozids. Vor den Räumlichkeiten waren unter einer Freifläche die Überreste von zweihunderttausend Opfern in ein Massengrab gelegt worden. In Gisozi, dieser Gedenkstätte, die ich während meines 4-jährigen Aufenthaltes mehrfach allein oder mit Gästen aus meiner Heimat besucht hatte, waren die Ereignisse und die Vorgeschichte des Völkermordes detailliert dargestellt, zusammen mit unzähligen Fotos von Opfern des Genozids. Zeitungsausschnitte aus jener Zeit waren an die Wände geheftet. Besonders die Hasstiraden, die damals im Rundfunksender „Mille Collines" ausgestrahlt wurden, ließen mich erschauern. Zugleich wurde es mir deutlich, dass ein Genozid, wie er in das Strafregister der UNO von 1948 aufgenommen wurde, nur möglich wurde, wenn man der Gruppe – dem Volk, der Gemeinschaft – der späteren Opfer ihrer Menschenwürde vollständig beraubt hatte, wenn man sie nicht mehr als Menschen, sondern als „Ratten und Läuse" (Deutschland) oder als „Kakerlaken" (Ruanda) diskriminiert hatte.

Die Frage muss dann aber sein, wie sich die späteren Täter, die Beleidiger, denn selbst gesehen haben, da sie doch zur gleichen Spezies Mensch gehörten wie diejenigen, denen sie ihre ganze Verachtung entgegenschleuderten. Ich glaube deshalb, dass jedem Genozid ein langer Prozess zunehmender Feindschaft, ein Exzess des Hasses gegenüber den Opfern, der oft wahnhafte Züge annimmt, vorangeht.

Meine Arbeit in der Klinik

Um 8 Uhr begann jeden Morgen meine Arbeit in der Klinik. Sie war etwa 3 Kilometer von meinem Haus entfernt. In den ersten Monaten wurde ich von einem Wagen der Klinik abgeholt, nach einem Jahr hatte ich mir einen geländegängigen Mitsubishi gekauft. An der Morgenbesprechung in der Klinik nahmen alle Ärzte und auch die Studenten teil. Es wurden die Neuaufnahmen der vergangenen Nacht durch den diensthabenden Arzt vorgestellt und die Therapie besprochen. Einige Male nutzte ich die Morgenbesprechung, um selbst kurze Referate zu aktuellen Themen zu halten.

Zu meinen Aufgaben gehörten außerdem die morgendlichen Visiten am Krankenbett zusammen mit den Studenten als „bedside-teaching". In jedem der Zimmer lagen 8 Patienten auf roten Kunststoffmatratzen. Bettwäsche und Kleidung der Patienten hatten die Angehörigen mitzubringen, ebenso die Verpflegung. Mittags sah man die Angehörigen der Kranken, meistens

Kinder, mit Behältern, in denen sie die Speisen für die Patienten in die Klinik brachten.

Die Kranken mussten auch einen Teil ihrer Medikamente in der Krankenhausapotheke kaufen. Später wurde von der ruandischen Regierung mit ausländischer Hilfe eine rudimentäre Krankenversicherung eingerichtet. An den Tagen, an denen ich nicht die Patientenvisite durchführte, unternahm ich entweder Ultraschalluntersuchungen oder Endoskopien des oberen und unteren Verdauungstraktes. Es war vorgesehen, dass ich diese Untersuchungen mit einheimischen Ärzten oder fortgeschrittenen Studenten vornahm, denn ich sollte im Land Wissen vermitteln, dazu war ich gekommen, dies war meine Aufgabe.

Leider war ich aber bei diesen Untersuchungen mit den Patienten und einem Endoskopie-Pfleger meisten allein, worüber ich mich regelmäßig ärgerte und dies auch sowohl der Leitung meiner Organisation in meinen jährlichen Berichten als auch der Klinikleitung mitteilte. Geändert hatte sich an dieser Situation bis zu meiner Abreise nichts. Nach meinen Visiten auf den Stationen nahm mich die Stationsschwester häufig beiseite und führte mich mit in ihr Dienstzimmer.

Ich wusste schon im Voraus, worum es ging. Wieder einmal konnte ein armer Patient seine Medikamente nicht bezahlen. Wäre keine Lösung dafür gefunden worden, so hätte der arme Kranke ohne wirksame Behandlung in seinem Bett gelegen, bis man seine Angehörigen aufgefordert hätte, ihn mit nach Hause oder in ein anderes, preiswerteres Krankenhaus zu nehmen. Es handelte sich gewöhnlich nicht um große Summen, sodass ich meistens mit überschaubaren Geldbeträgen helfen konnte. Von meinen Besuchen in Deutschland brachte ich oft kleine Geldsummen mit, die meine Freunde in der Heimat für arme Patienten in Afrika, von denen sie durch mich gehört hatten, bei unseren Treffen gesammelt hatten. Ich hatte mir damit in meinem Haus in Afrika ein kleines Depot angelegt, auf das ich nun zurückgreifen konnte. Auf meine deutschen Freunde war ich immer sehr stolz für ihre Hilfsbereitschaft.

Eine Studentin erinnert sich

Medizinstudenten hatten in Ruanda neben ihrem Abschlussexamen eine wissenschaftliche Arbeit zu verfassen, ein sog. „Mémoire", vergleichbar einer Doktorarbeit in meiner Heimat. Sie hatten danach mit dem erfolgreichen Abschluss auch das Recht, einen Doktortitel zu führen. Zu meinen Aufgaben in der Klinik gehörte es, mit den Studenten, falls sie es wünschten, das Thema für ein Mémoire auszusuchen und die Kandidaten bei der Fertigstellung dieser Arbeit zu beraten. Üblicherweise wurde der Arbeit in ihrer Endfassung eine Widmung vorangestellt, in der gewöhnlich den Eltern und den Lehrern Dank ausgesprochen wurde dafür, sie in ihrem bisherigen Werdegang unterstützt zu haben.

Einmal saß mir in meinem Büro eine Studentin gegenüber, ihr fertiges Mémoire, welches sie mit meiner Hilfe abgeschlossen hatte, lag vor mir auf dem Schreibtisch. Als ich die erste Seite aufschlug, las ich als Widmung in ergreifenden Worten ihre Danksagung an ihre zu früh verstorbenen Eltern, denen sie so gern von ihrem Erfolg berichtet hätte. Ich las diesen Text langsam und sorgfältig durch und fragte sie, ob sie ihre Eltern auch durch den Genozid verloren hätte. Obwohl ich die Antwort, die sie mir nun gab, erwartet hatte, glaubte ich dennoch nicht, das Gelesene einfach übergehen zu sollen. Sie schaute mich traurig an und nickte stumm. Ich starrte sie einen Augenblick lang wortlos an, dann schüttelte ich langsam und schweigend den Kopf und blickte auf ihre vor mir liegende Arbeit.

Meine wichtigste Aufgabe in unserem Gastland bestand darin, Medizinstudenten bis zu ihrem Examen in dem Teil der Wissenschaft, der mir von der Fakultät übertragen war, vorzubereiten. Ich hielt meine Vorlesungen gewöhnlich in englischer Sprache.

Ich versuchte, den angehenden Mediziner am Krankenbett die basalen Untersuchungstechniken zu erklären und die Benutzung teurer und komplizierter Geräte, die in Afrika gewöhnlich nicht zur Verfügung standen, zu vermeiden. Ich erinnerte die jungen Mediziner daran, dass sie die Kranken oft in den Dörfern und manchmal in abgelegenen Buschkrankenhäusern treffen würde, wo die Patienten die gleiche Hilfe wie in den Städten erwarteten. Mir selbst bereitete es immer große Freude, wenn ich neben meiner Klinikarbeit ab und zu Gelegenheit hatte, in Ruanda oder auch in einem der Nachbarländer Uganda oder Tansania weit draußen im Land die erfolgreiche Behandlung von Patienten zu sehen, die an Malaria, der Flussblindheit, der Schistosomiasis (fisherman's itch) oder der Lepra litten.

Die Vorlesungen wurden, anders als in Deutschland üblich, in 2 getrennten Blöcken gehalten, die sich gewöhnlich über 2-3 Wochen hinzogen. Ich hatte mir für die Ausarbeitung der Vorlesungen umfangreiche Fachliteratur aus Deutschland mitgebracht und ließ mir überdies Fachzeitschriften aus der Heimat nachschicken. Die Ausarbeitung von Vorlesungen war anfangs mühsam. Ich musste die beiden großen Kapitel der Inneren Medizin, über die ich zu lesen hatte, in die Lehrsprachen Englisch oder Französisch übersetzen und sie dann in das Windows-Powerpoint-Programm übertragen. Es dauerte insgesamt fast 6 Monate, bis alles fertig war. Meine afrikanische (tansanische) Lebensgefährtin beschwerte sich sehr oft, dass ich zu Hause fast nur in meinem Arbeitszimmer hockte und für sie kaum Zeit fand. Als Trost ging ich mit ihr ein- oder zweimal in der Woche in das ausgezeichnete, einem Belgier gehörende Restaurant am Ort.

Abends saßen wir auf der Terrasse und beobachten draußen das Treiben der Menschen auf der Straße. Es war die Flaniermeile der Spaziergänger, die noch einkaufen wollten und oder sich zu einem Schwätzchen getroffen hatten.

Da diese Straße die einzige Verbindung zwischen der rundischen Hauptstadt und dem Nachbarland Burundi war, gab es hier auch einen lebhaften Autoverkehr, der für die Menschen, besonders für Kinder eine große Gefahr darstellte.

Morgens fuhr ich mit meinem Geländewagen in die Klinik. Der Weg führte an Tankstellen, Geschäften, einzelnen Restaurants und am Markt vorbei. Am Eingang zur Klinik drängten sich zahlreichen Menschen, an denen ich mich vorbeidrücken musste. Die Patienten und ihre Angehörigen mussten sich an der Anmeldung vorstellen, anschließend wurde ihnen der für sie richtige Weg in eines der Behandlungsräume gezeigt.

An den Tagen, an denen ich meine Vorlesungen halten musste, ging ich zunächst in mein Arbeitszimmer. Mein Büro war das letzte Zimmer einer Reihe von Räumen an einem langen Flur. Ich trug meinen Computer und die Gerätschaften, die ich für die Vorlesungen brauchte, hinunter in das Gebäude der Fakultät. Dort erwarteten mich die Studenten. Ich hielt meine Vorlesungen mit dem Powerpoint-Programm von Window. So mühsam die Ausarbeitung meiner Vorlesungen auch anfangs war, so hat es mir doch große Freude bereitet.

Am Ende jeder Vorlesungsreihe hatten die Studenten über den gehörten Stoff eine Klausur zu schreiben. 2-mal jährlich hatte ich zusammen mit einheimischen Dozenten die Abschlussprüfungen abzuhalten, die bei uns in Deutschland der Staatsexamensprüfung entsprachen. Ich legte immer großen Wert darauf, nicht nur theoretische Fachkenntnisse zu vermitteln, sondern den Studenten die basalen Untersuchungstechniken am Krankenbett beizubringen. Nicht immer haben die Studenten meine Gedanken dabei richtig verstanden. Bei einer Gelegenheit traf ich während einer Pause zwischen Examensprüfungen eine Gruppe von Studenten vor einer der Kliniken. Eine Studentin fragte mich ein wenig vorwurfsvoll, warum meine Prüfungsfragen gewöhnlich schwerer seien als bei anderen Prüfern. Ich antwortete geduldig und freundlich, dass ich zu ihnen ins Land gekommen sei, weil ich zusammen mit anderen Professoren dabei helfen wollte, aus ihnen, den Medizinstudenten, gute Ärzte zu machen, denen ihre Landsleute Vertrauen schenken konnten. Aus demselben Grund gab ich mir auch immer sehr große Mühe, den Studenten bei der Fertigstellung ihrer Mémoires zu helfen, die von ihnen in Anwesenheit ihrer Mitstudenten, der Lehrer und ihrer Familienangehörigen in Form eines Lichtbildervortrages präsentiert wurden.

Die Mehrzahl der Studenten hatte eine gute Auffassungsgabe, und sie waren sehr motiviert, ein optimales Ergebnis zu erzielen.

Leider verschwanden die Besten von ihnen bald ins Ausland, oft nach Belgien oder Frankreich, manche auch nach Südafrika. weil sie dort fast immer wesentlich mehr Geld verdienen konnten. Nach erfolgreichem Abschluss eines Mémoires durften sie sich Monsieur oder Madame Docteur nennen. Studenten, mit denen ich bei der Fertigstellung ihrer Mémoires zusammenarbeitete, hatten meistens einen lebhaften, wachen Verstand, sie begriffen Probleme und Zusammenhänge rasch, die Zusammenarbeit mit ihnen war für mich oft eine Freude.

Ein Wochenende im Nyungwe Forest

Es gab in dem kleinen, überbevölkerten Land nur wenige Ausflugsziele, zu denen man am Wochenende hinfahren konnte, um sich während der immer sehr kurzen Zeit nach der anstrengenden Tätigkeit in der Klinik an Leib und Seele zu erholen. Falls man einen längeren, vielleicht über Wochen gehenden Urlaub antreten konnte, bestand natürlich auch die Möglichkeit, in eines der Nachbarländer zu reisen, also nach Uganda oder nach Tansania. Eine Fahrt in die Republik Kongo war nicht zu empfehlen, da die grenznahe Region des östlichen Kongo wegen anhaltender Unruhen sehr gefährlich für uns Europäer war.

Im Süden der Republik Ruanda existiert mit dem Nyungwe Forest der Rest eines früher ausgedehnten tropischen Regenwaldes. Durch Bevölkerungswachstum wurde der Wald kontinuierlich auf nunmehr 970 km² so weit verkleinert, dass viele Tiere, die früher dort lebten, wie Waldelefanten und Leoparden, dort schon seit vielen Jahren nicht mehr anzutreffen sind. Auch die fortgesetzte Wilderei hatte den Bestand an Wildtieren, wie auch in andren afrikanischen Ländern, schrumpfen lassen.

Im ersten Jahr unseres Aufenthaltes in Afrika machten meine afrikanische Lebensgefährtin und ich einen Ausflug zum Kivusee. Es ist der kleinste See der zum westlichen Arm des Rift Valleys gehörenden Seenkette. Er liegt zwischen der Republik

Kongo im Westen, die zu unserer Zeit den Beinamen „Zaire“ führte, und dem viel kleineren Ruanda im Osten. Wir trafen uns dort mit einem deutsch-afrikanischen Ehepaar, mit dem wir das Wochenende verbringen wollten. Wir blieben 2 Nächte in einem Hotel am See. Am Abend vor unserer Rückreise fühlte ich mich krank, ich konnte an unserem gemeinsamen Abendessen nicht teilnehmen und merkte, dass ich Fieber bekam. Ich hatte ein Gefühl wie zu Hause in Deutschland, wenn mich eine Grippe erwischte.

Meine Begleiterin gab mir aus ihrer Reiseapotheke eine Aspirin-Tablette. Danach ging es mir ein wenig besser, die Übelkeit blieb allerdings bestehen. In der Nacht fühlte ich mich nicht gut und bekam am 2. Tag frühmorgens Fieber und Schüttelfrost. Ich war sicher, dass ich eine Malariaattacke bekam. Leider hatte ich meine Antimalaria-Medikamente zu Hause in unserem Wohnort. An diesem abgelegen Ort hatte ich nicht die Möglichkeit, meinen Verdacht durch einen Bluttest verifizieren zu lassen. Aber ich erinnerte mich nun an meine erste Malariaattacke vor einigen Jahren auf Sansibar. Meine jetzigen Symptome glichen denen von damals. Das Lariam (=Mefloquin) ist nach meiner persönlichen Erfahrung als Prophylaktikum sehr gut geeignet, es empfiehlt sich aber wegen erheblicher Nebenwirkungen nicht zur Therapie der akuten Malaria.

Anders als vor 4 Jahren befand ich mich diesmal nicht zu einem Kurzurlaub in Afrika, sondern ich stand am Anfang eines mehrjährigen Aufenthaltes. Obwohl unsere Entsendeorganisation allen Entwicklungshellfern empfohlen hatte, während des gesamten Aufenthaltes in Afrika die Malariaprophylaxe beizubehalten, sofern man sich in einem Hochrisikogebiet aufhielt, beschränkten sich die meisten Europäer darauf, sich nur mit einem Stand-By-Medikament zu versorgen, wenn sie nicht als Touristen ins Land kamen, sondern einer längeren Berufstätigkeit entgegensahen.

So hatte ich es bisher auch gehalten, aber leider hatte ich meine Tabletten vergessen. Ich schluckte noch eine weitere Tablette

Aspirin, dann machten wir uns auf den Heimweg, der etwa 2 Stunden dauern würde. Da meine Gefährtin keinen Führerschein besaß, musste ich die ganze Strecke selbst fahren. Es ging mir etwas besser, als wir abfuhren. Der Weg führte uns wieder durch den Nyungwe Forest. Ich wusste nicht, ob ich während dieses Afrikaaufenthaltes noch einmal hierhin zurückkehren würde, so wollte ich dieses Wochenende nutzen, um noch einmal den Nyungwe-Forest zu besuchen.

Da es das letzte Stück des tropischen Regenwaldes war, wollte ich trotz allem meinen ursprünglichen Plan verwirklichen und einen kurzen, geführten Rundgang trotz meines geschwächten Kräftezustandes unternehmen. Der Gang mit dem Führer sollte ungefähr eine Stunde dauern. Bald merkte ich nun aber, dass mir der Marsch, der über auf- und absteigende Strecken führte, zunehmend schwerer fiel. Nach der Hälfte der Distanz musste ich unseren Führer schließlich bitten, den Weg noch weiter abzukürzen. Als ich mich zwischendurch schwer atmend auf einen Baumstumpf setzte, fragte der Park-Ranger meine Frau besorgt, was mit mir los wäre. Sie erwiderte, ich hätte eine Malariainfektion. Der Mann schaute mich mit schreckgeweiteten Augen an und schleppte mich auf dem kürzesten Weg zurück zum Besucherzentrum. Er legte während des letzten Anstiegs einen seiner Arme um meine Schultern setzte mich schließlich hinter das Steuer meines Autos.

In Butare angekommen ließ ich in einer kleinen medizinischen Ambulanz sofort einen Malariatest durchführen. Nach 20 Minuten erhielt ich die telefonische Bestätigung, dass ich mit meiner Vermutung recht gehabt hatte. Nun nahm ich unverzüglich die Antimalariamedikamente und rief einen Arztkollegen an, der wie ich in der Universitätsklinik tätig war. Ich bat ihn, mich für voraussichtlich 3 Tage an meiner Arbeitsstätte zu entschuldigen.

Der Kivusee

Noch oft besuchten wir diesen kleinsten See des westlichen Armes des Riftvalleys, der in der von Nord nach Süd verlaufenden Seenkette liegt. Er berührt im Süden den viel größeren und viel tieferen Tanganjika-See. Während meines Aufenthaltes in Ruanda verbrachten wir häufig ein Wochenende an diesem kleinen, ruhigen See, an dem kaum Motorlärm störte und der nur von wenigen Feriengästen für einen Ausflug besucht wird. Meine Organisation hatte am Seeufer ein Wochenendhaus angemietet, das wir gern immer wieder benutzen durften. Mein Töchterchen war während meines letzten Jahres noch ein Baby, ihre Halbgeschwister waren aber zum Schwimmen bereits groß genug. Der See wird von einer Kette flacher Hügel eingerahmt, auf denen die Bewohner ihre kleinen, eingeschossigen Häuser gebaut hatten, wo sie Ziegen und Hühner hielten. Oft saß ich tagsüber in einem Liegestuhl und beobachtete das Treiben auf der anderen Seite des Sees, der hier eine Breite von etwa 500 Metern besaß. Seeotter sprangen manchmal aus dem Wasser in ihrer Jagd nach Fischen. Nach Einbruch der Dunkelheit fuhren Fischer in ihren Booten auf den See hinaus, die Netze hingen an weit ausladenden Stangen. Starke Lampen warfen ihr Licht auf das Wasser und lockten Scharen von Fischen aus der Tiefe zur Oberfläche, wo sie sich in den Netzen der Fischer verfingen. In der Nacht hörte man den Gesang der Fischer, die auf den Ruf eines Einzelnen im Chor antworteten. Frühmorgens kehrten sie zurück und bereiteten sich am Seeufer ein Frühstück aus gebratenen Fischen.

Rückkehr nach Ruanda nach 4 Jahren

Meine Zeit als „Entwicklungshelfer" war seit einigen Jahren vorüber. Aus meiner Tochter, die bei meiner Ausreise im Jahr 2007 noch ein weniger als 1 Jahr altes Baby war, ist inzwischen ein 5-jähriges Kind geworden, die in Ruanda bereits die Vorschule besucht. Ich war jetzt mit ihrer Mutter und den beiden afrikanischen Halbgeschwistern noch einmal zu dem immer noch friedlich wirkenden See gefahren. Diesmal wohnten wir nicht mehr in dem Gästehaus meiner Organisation, sondern nur 100 Meter davon entfernt in einem Hotel, das an einem Berghang im Bungalowstil errichtet war. Viele Europäer hatten sich hier einquartiert, die meisten waren wie ich damals als Entwicklungshelfer bei verschiedenen Organisationen tätig und suchten nun für ein Wochenende Ruhe und Entspannung. Der See lud zum Schwimmen und zu Ausflügen ein, man konnte sich mit einem Motorboot zu kleinen Inseln draußen vor der Bucht bringen lassen, wo man im Dunst die Gebirgszüge des Kongos am westlichen Ufer sah. Wie früher spürte ich, wie die Ruhe meinen Körper entspannte. Nichts schien den Frieden des Ortes zu stören.

Aber vor 2 Jahrzehnten war der beschauliche Ort am Kivusee Schauplatz eines grauenhaften Massakers während des 100 Tage andauernden Völkermordes. Die Erinnerung daran blieb noch in den Köpfen derer, die die Ereignisse erlebt hatten.

Memorial place in Kibuye

Oberhalb des Städtchen Kibuye, das ich so gut kannte, befand sich eine grausame Erinnerungsstätte des Genozids. Man musste einige Kilometer bergauf fahren, um an den Ort zu gelangen, an dem sich damals das unfassbare Geschehen abgespielt hatte. Ein etwa 40-jähriger Mann, der das Ereignis damals miterlebt hatte und nur mit Mühe den Mörderbanden entkommen war, führte uns herum und zeigte uns die Orte, an denen die Verbrechen stattgefunden hatten. Es begann damit, dass im Tal in der kleinen Stadt Gruppen der blutdürstigen Interahama-Milizen auftauchten. Sie machten Jagd auf die dort ebenfalls lebenden Tutsis. Die Tutsis im Dorf hatten sehr schnell begriffen, dass es nun um ihr Leben ging, sie wollten sich nun bergan auf den Hügeln oberhalb des Dorfes verstecken. Die Milizionäre griffen die unbewaffneten Tutsis mit Macheten, Eisenstangen und Gewehren an, diese sammelten faustgroße Steine, um sich damit gegen die Angreifer zu verteidigen. Noch heute sieht man diese Steinhaufen als Erinnerung an diese Menschen, die meistens vergeblich um ihr Leben rannten. Das furchtbare Ergebnis dieser Flucht sind hunderte von Schädeln der Opfer, die mit Gewehrkugeln durchbohrt oder mit Stangen und Macheten zertrümmert wurden.

Der Mann, der die Besucher durch die Gedenkstätte führte, hat dieses Drama selbst als Opfer erlebt. Es war ihm damals gelungen, mit viel Glück den Angriffen der Milizionäre zu entkommen. Seine Schilderungen erzeugten noch nach Jahren Fassungslosigkeit und Entsetzen.

Innerlich verstört und bewegt kehrte ich zurück in unser Hotel. Ich schaute auf das Wasser des friedlich liegenden Kivusees. Kinder spielten auf den gegenüber liegenden Hügeln oberhalb der Bucht. Sicher wussten sie nicht, welches Drama sich von 2 Jahrzehnten hier abgespielt hatte.

Ich bestellte mit meiner afrikanischen Familie das Abendessen. Aus der Ferne beobachteten wir die Feuersäule des Nyragongo. Wer weiß, wann es zur nächsten Eruption des gefährlichen Vulkans kommen würde. Seine Lava kochte 12 Kilometer unter der Erdoberfläche.

Nach meinen Erlebnissen während des zurückliegenden Nachmittags schien es mir zweifelhaft zu sein, ob das Land und der brodelnde Vulkan zukünftig friedlich bleiben würden.

Die Suche einer jungen Frau nach dem Grab ihrer Mutter

Bevor ich mich vom Kivusee für dieses Mal verabschiedete, kam mir noch eine Begegnung von vor 5 Jahren in den Sinn, die beinahe typisch war für die Turbulenzen, die der Genozid und die Zeit danach in der ruandischen Bevölkerung angerichtet hatte.

Ich traf in Kibuye eine junge Frau im Alter einer Studentin. Nach einem Abendessen fragte sie mich, ob ich mit ihr am folgenden Tag in ihr Heimatdorf unweit von Kibuye fahren würde, sie hätte dort etwas zu erledigen.

Am nächsten Tag fuhren wir in meinem Mitsubishi-Geländewagen von Kibuye aus auf ungepflasterten Feldwegen bergauf, bergab etwa 30 Kilometer in ein hügeliges, zwischen Büschen und Hecken liegendes Land, dessen holperige Wege während der Regenzeit mit einem Geländewagen nur schwer zu passieren waren. Unterwegs trafen wir Kinder, die mit dünnen Stöcken Rinder und Ziegen auf den Wegen trieben. Meine Begleiterin erzählte mir während unserer Fahrt, sie habe ihre Kindheit in jenem Dorf verbracht, das wir nun ansteuerten. Ihr Vater sei früh gestorben, ihre Mutter sei eine wohlhabende Frau gewesen, die manche Ländereien in der Umgebung als ihr Eigentum besaß. Sie wurde mit ihren Geschwistern auf eine weiterführende Schule geschickt, während die Kinder des Dorfes von einer Lehrerin am Ort unterrichtet wurden. Da ihre Familie zu der Volksgruppe der Tutsis gehörte, wurde ihre Mutter von den Hutus der Nachbarschaft umgebracht, während sie mit ihren Geschwistern rechtzeitig in das Nachbarland Burundi geschickt wurde. Der Mann, der Ihre Mutter ermordet hatte, sei ein sonst immer friedlicher Mann gewesen, der für ihre Mutter seit vielen Jahren gearbeitet hatte. Später sei es ihm sehr leidgetan, was er der armen Frau zugefügt hatte.

Wie tausend andere sonst friedliche Menschen sei er durch Radiosendungen und Hetzreden in der Öffentlichkeit gegen alle Tutsis aufgewiegelt worden. Man habe ihm weißgemacht, dass er das Richtige getan hatte, diese Frau umzubringen. Aus anderen, vergleichbaren Berichten konnte ich feststellen, dass in den Köpfen dieser einfachen Menschen eine dumpfe Aggressivität geweckt worden war, die in Verbindung mit einer vorher nicht vorhandenen Grausamkeit der Anlass für eine derartig scheußliche Tat gewesen war.

Ich fragte das Mädchen, ob man den Mann später zur Rechenschaft gezogen hätte. „Nein, natürlich nicht. Er hat die Tat auch immer öffentlich geleugnet und niemals gesagt, wohin er die Leiche meiner Mutter gebracht hat." Sie wollte nun zurück in das Dorf und hoffte von dem Mann zu erfahren, wo sich die sterblichen Überreste ihrer Mutter befände, damit sie endlich beerdigt werden konnte.

Nach einer Autofahrt von einer Stunde erreichten wir das abgelegene Dorf. Ich parkte mein Auto auf einem Platz in der Mitte der ärmlichen, eingeschossigen Häuser. Mein Auto war, soweit wir sehen konnten, das einzige Fahrzeug in dem kleinen Ort. Wir waren sofort von allen Dorfbewohnern umringt, meine Begleiterin war hier wohl bekannt. Sie wurde von zahlreichen Leuten freundlich begrüßt. Nachdem sie mich vorgestellt hatte, bat mich eine ältere Frau in ihr Haus, das im Wesentlichen aus einem einzigen, dunklen, recht großen Raum bestand. Ich setzte mich auf einen tiefen Sessel. Was sollte ich meiner Gastgeberin sagen? Natürlich dankte ich ihr für die Einladung und lehnte ihr Angebot freundlich ab, mir ein Glas Traubensaft zu geben, da wir doch nur eine kurze Zeit verweilen würden. Ein Gespräch mit meiner Gastgeberin kam nicht zustande, da sie nur ihre afrikanische Muttersprache, aber keine europäische Sprache beherrschte. Ich drückte der Frau dankbar ihre beiden Hände für ihre Einladung und verließ rasch das Zimmer, um mich draußen nach meiner Begleiterin umzusehen.

Sie stand neben einem mageren, älteren, gebeugten Mann, der einen halben Kopf kleiner war als sie und redete auf ihn ein. Als sie mich kommen sah, kam sie auf mich zu und sagte, dies sei der Mann, der nach allem, was man ihr früher gesagt hatte, ihre Mutter umgebracht hätte. Sie fragte ihn nach dem Grab ihrer Mutter, aber er sagte dazu kein Wort. „Hat er dir denn gesagt, wo du den Körper deiner Mutter finden könntest?" fragte ich sie. „Nein, natürlich nicht, denn er hat doch immer abgestritten, mit dem Tod meiner Mutter etwas zu tun gehabt zu haben. Hätte er zugegeben, dass er wüsste, wo sich ihre Überreste heute befinden, dann hätte er sich als ihr Mörder zu erkennen gegeben." Sie zeigte mir noch das Haus, in dem sie früher mit ihrer Mutter und ihren Geschwistern gelebt hatte. Es lag am Rand des Dorfes, war größer und schöner als die übrigen Häuser und wirkte nach den Jahren verwahrlost. Nach dem Tod ihrer Mutter wohnte dort niemand mehr.

Nachdem die junge Frau noch ein paar Worte mit den Einwohnern des Dorfes gewechselt hatte, gingen wir zurück zu meinem Auto. Bevor wir einstiegen, mussten wir noch eine Horde von Kindern verscheuchen und gut aufpassen, dass keines der Kleinen, während wir einstiegen, schnell in das Innere des Wagens hineingriff, um daraus noch etwas zu entwenden.

In den Jahren nach dem Genozid waren nicht nur die unmittelbar von den Massakern Betroffenen, in erster Linie die Angehörigen der Volksgruppe der Tutsis, mit der Aufarbeitung der Geschehnisse befasst, sondern das Justizsystem des Landes, das die an den Verbrechen Verantwortlichen und Beschuldigten herauszufinden und, soweit möglich, abzuurteilen hatte. Bald stellte sich heraus, dass der schwache, unterentwickelte Justizapparat dieser Mammutaufgabe bei Weitem nicht gewachsen war. So kam man seitens der Regierung auf die Idee, ein uraltes, traditionelles Rechtssystem wieder aufleben zu lassen, bei dem Laienrichter die Wahrheit finden und Strafen verhängen sollten. Etwas Ähnliches hatte es auch vor langer Zeit, in der vorrömischen Periode, in Deutschland gegeben, als in den germanischen Völkern „unter der Linde" von den Ältesten des Stammes über gebrochenes Recht verhandelt wurde.

Gacaca Tribunal

Diese Gacaca-Richter entstammten dem Volk und wurden von einheimischen und ausländischen Juristen in das System der Rechtsfindung und Rechtsprechung, soweit es ging, eingeweiht. Die Regierung Ruandas glaubte, dies sei für das Land die einzige Lösung, wenn man nicht angesichts der riesigen Aufgabe von vornherein resignieren und keinen Versuch machen wollte, auf eine andere Art Gerechtigkeit zu finden. Dennoch war bald zu erkennen, dass mit diesen Tribunalen, bei denen Nachbarn über Nachbarn zu Gericht saßen, häufig alte Wunden wieder aufbrachen oder Zeugen eingeschüchtert, angegriffen oder im Extremfall umgebracht wurden. Die Gacaca-Tribunale fanden immer am Mittwochnachmittag statt. Während dieser Zeit waren Geschäfte und Behörden, sogar die Klinikambulanz geschlossen.

Ausländer waren bei den Gacaca-Tribunalen unerwünscht, denn man wollte unter sich bleiben und sich durch die Anwesenheit Fremder nicht stören lassen. Ich hatte ein einziges Mal Gelegenheit, als entfernt anwesender Ausländer den Fortgang eines solchen Verfahrens mitzuerleben. Zwar durfte ich während des Prozesses nicht anwesend sein, aber ich wartete in meinem Auto in der Entfernung von einigen hundert Metern auf die Rückkehr einer Studentin, die mich gebeten hatte, sie zu dem Ort des Verfahrens zu begleiten. Man hatte ihre Eltern ermordet, die vor dem Genozid beide als Lehrer tätig gewesen waren. Ihr jüngerer Bruder lebte seit dem Genozid in dem Nachbarland Burundi und war von dort nicht zurückgekehrt. Sie hatte mit ihrem Bruder keinen Kontakt mehr.

Ich hatte sie vor einiger Zeit auf meiner Fahrt von der Hauptstadt nach Butare als Anhalterin mitgenommen. Sie wohnte in dieser Zeit in einem der vielen Nonnenklöster des Landes. Nun sollte gegen den Mörder ihrer Eltern verhandelt werden. Der mutmaßliche Mörder ihrer Eltern fuhr in einem gebrauchten Mercedes zu der Verhandlung an uns vorbei. Der Prozess dauerte 2 Stunden, es gab anscheinend mehrere Angeklagte, gegen die gleichzeitig verhandelt wurde. Die Studentin kam in einer Pause des Verfahrens kurz zu mir zurück, um mir von dem Verlauf des Prozesses zu berichten. Gegen Abend war das Gacaca-Verfahren beendet. Der Beschuldigte hat eine direkte Beteiligung an der Tat abgestritten. Das Mädchen, das offenbar eingeschüchtert war und keinen professionellen Rechtsbeistand hatte, blieb ohne eine Wiedergutmachung dafür, dass ihr Bruder und sie ohne ihre Eltern aufwachsen mussten. Wie ich bereits erwähnte, war ich nicht Zeuge dieses Verfahrens, hätte aber auch davon nichts verstanden, denn es wurde natürlich in der Landessprache verhandelt. Es zeigte aber die großen Schwierigkeiten in dem Land, ein gerechtes Urteil zu finden, wenn alle Beteiligten aus derselben Dorfgemeinschaft stammten und wenn es, wie in dem vorliegenden Fall, der Antragstellerin an selbstbewusstem Auftreten mangelte.

Visit at City of Goma

Während meiner Zeit als Entwicklungshelfer in Ruanda – so war die Bezeichnung der im deutschen Regierungsauftrag tätigen Spezialisten – wurde ich einige Male von dem deutschen Arzt besucht, dessen Stelle in der Klinik ich innehatte und der nach Beendigung seiner 2jährigen Tätigkeit in der Klinik mit seiner Frau nach Deutschland zurückgekehrt war. Er hatte jetzt in Ruanda eine organisatorische Aufgabe für den Entwicklungsdienst übernommen, die er mit großer Begeisterung und vollem Einsatz wahrnahm.

An einem Wochenende unternahmen meine Frau und ich zusammen mit ihm einen Ausflug zum nördlichen Ende des ruandischen Kivusees, in die Nähe der kongolesischen Stadt Goma. Im Jahr 2002, also gut 1 Jahr vor meiner derzeitigen Ankunft, gab es einen erneuten Ausbruch des Nyiragongo, der einen Teil der Stadt Goma zerstört hatte, sodass die niedrigeren, am Kivusee gelegen Bezirke in einer Höhe von 1-2 Metern mit der erkalteten, grau-weiße Basaltschicht bedeck waren.

Das gesamte Land in der Umgebung des Virunga-Bergmassivs war als ein tektonischer Unruheherd bekannt. Der 3469 Meter hohe Nyiragongo gehört mit seinem Nachbarvulkan, dem 13 Kilometer entfernten Nyamuragira zu den aktivsten Vulkanen Afrikas und zu den aktivsten Vulkanen der Erde. Selbst in unserem Schlafzimmer in Butare spürten wir häufig das Beben des Untergrundes, Gläser und Essgeschirr in der Vitrine

schlugen klirrend gegeneinander. Die Einheimischen stellten
dies „tremblement de terre" achselzuckend fest. Größere Schä-
den gab es in unserer Stadt nicht, denn der Nyiragongo befand
sich in einer Entfernung von 200 km.

In den 3 Wochen, als ich für die Organisation CARE in den
Flüchtlingslagern tätig war, sahen wir jeden Abend die mehrere hundert Meter hohe Feuersäule über dem Kratermund. Die
Stadt Goma, in deren Umgebung wir damals gelebt haben, befindet sich natürlich viel näher an dem Krater als die Stadt Butare, in welcher ich 10 Jahre später als Entwicklungshelfer gearbeitet habe.

Als ich mit meinem Freund und Kollegen einen Ausflug nach
Goma machen wollte, parkten wir mein Auto unweit der kongolesischen Grenze und machten uns zu Fuß auf den Weg in
Richtung Grenzkontrolle. Die kongolesische Beamtin legte mir
zunächst das übliche Einreiseformular vor, anschließend eine
Quittung über die bezahlten Visumgebühren. Ich fragte sie
freundlich, was sie da geschrieben hätte, und sie antwortete mir
ebenso freundlich, dass ich für die Einreise in ihr Land 50 Dol-
lar zu bezahlen hätte. Nicht ohne Genugtuung legte ich meinen
feuerroten deutschen Dienstpass vor sie auf den Tisch, damit
sie erkennen konnte, dass ich im Regierungsauftrag unterwegs
und weltweit von Visumgebühr befreit war. Die Dame kannte
ein derartiges Dokument sehr gut und entschuldigte sich dafür, von mir die Visumgebühr gefordert zu haben. Ich gestehe,
dass ich in Erinnerung an unsere Ausreise aus dem Kongo nach
unserem Einsatz in den Flüchtlings-Camps vor einer Reihe von
Jahren eine diebische Freude empfand, als korrupte Grenzbeamte Sonderabgaben für unsere Heimreise verlangten. Natürlich hatte diese Grenzbeamtin nichts mit dem Verhalten ihrer
damaligen Kollegen zu tun, und ich konnte ihr diese Geschichte auch nicht erzählen.

Auf kongolesischem Boden angekommen, mieteten mein
Freund und Kollege und ich je ein Motorrad, mit dem wir die
wenigen hundert Meter in die Stadt Goma hineinfuhren. Dort
sahen wir mit Erschrecken die Folgen des Vulkanausbruchs,

der Teile der Stadt betroffen hatte. Die Häuser waren bis zu den Fenstern des Erdgeschosses mir grauweißer Lavaasche bedeckt. Das Regal eines Verkaufsstandes neben der Straße war ebenfalls unter der dicken Kruste fast verschwunden. Die Mitte der Straße war für den geringfügigen Auto- und Motorradverkehr freigeräumt. Das Leben im grenznahen Bezirk der Stadt pulsierte, wir wurden sogleich von einer Schar von Kindern umringt, die uns von allen Seiten musterten, ob wir nicht vielleicht etwas bei uns trugen, was man blitzschnell stehlen konnte. Wir aßen beide einen auf einen Holzstab aufgespießten, fettigen Hähnchenschenkel und machten uns alsbald auf die

Rückfahrt zur Grenze.

Auf ruandischer Seite am Ufer des Kivusees angekommen, sahen wir einen kleinen Menschenauflauf. Leute liefen ratlos und aufgeregt hin und her und schauten auf den See, mit ausgestreckten Armen auf das Wasser zeigend. Auf unsere Fragen, was passiert sei, erhielten wir erst nach einigen Minuten die Antwort, dass soeben ein halbwüchsiges Mädchen zum Schwimmen in den See gegangen und seitdem nicht wieder aufgetaucht war. Wir sahen, dass man nach ihr mit einigen Booten erfolglos gesucht hatte. Wir glaubten zu wissen, was mit dem Mädchen geschehen war. Unter dem Kivusee befand sich eine riesige Blase aus Methan- und Kohlendioxidgas, die zusammen etwa 400 Kubikkilometer betrug. Das Mädchen war in eine Gasblase gelangt, in der sie ohne den Auftrieb des Wassers 10-20 Meter abgestürzt war.

Ich fragte die Menschen, die am Seeufer standen, wann das Mädchen zum Schwimmen in den See gegangen und nicht wieder aufgetaucht war. „Vor 10 Minuten", wurde mir geantwortet. Ich hatte während meiner Schulzeit eine Ausbildung als Rettungsschwimmer erhalten, hatte seitdem bei zahlreichen Gelegenheiten meine Schwimmkünste in Seen und in verschiedenen Meeren trainiert. Augenblicklich trug ich eine weite Sommerhose, ein ärmelloses Hemd und Sportschuhe. Kurzentschlossen entledigte ich mich meiner Schuhe und stürzte mich kopfüber in den See an der Stelle, wo man das Mädchen zuletzt gesehen hatte. Unter Wasser drehte ich mich um meine eigene Achse und versuchte das Mädchen in dem etwas trüben Wasser zu entdecken. Ich fand es tatsächlich in einer Entfernung von etwa 20 Metern bewegungslos auf dem Rücken liegend, die Hüfte war leicht angewinkelt, Arme und Beine schwammen bewegungslos neben ihrem Körper. Ich schwamm eilends zu ihr hin und zog sie, ihren Arm fest mit einer Hand umgreifend, an die Oberfläche des Sees. Mit meinem rechten Arm versuchte ich sie an Schulter und Kopf über Wasser zu halten und bewegte mich, mit meinem linken Arm und beiden Beinen schlagend, zum Ufer. Die dort stehenden Männer zogen sie in ein leeres Boot. Ich befahl ihnen, das Mädchen mit seinem Gesicht nach unten zu drehen, um zu versuchen, das Wasser, das sie eingeatmet hatte, herausfließen zu lassen. Hierbei pressten wir ihren Oberkörper fest und rhythmisch gegen ihren Rücken und versuchten mit dem Mund anschließend Luft in ihre Lunge zu blasen. Ich ordnete an, einen Krankenwagen zu holen, um das Mädchen in eine Klinik in Gisenyi zu transportieren. Sie hatte während unserer Bemühungen das Bewusstsein noch nicht wieder erlangt und ich hielt es auch für zweifelhaft, ob man nach der langen Zeit, die sie unter Wasser verbringen musste, ihr Leben noch retten konnte. Mein Kollege, der erstaunt meine Rettungsversuche mitverfolgt hatte, beteiligte sich nun an den Wiederbelebungsversuchen.

Der Kivusee ist einer der Seen des westlichen Armes des Riftvalley und liegt zwischen Ruanda im Osten und der Republik Kongo im Westen. Er entwässert nach Süden über den Ruzizi-Fluss in den Tanganjika-See. Ein ständiges Risiko ist eine unterhalb des Seegrundes liegende riesige CO_2- und Methangasblase. Diese würde im Fall einer – allerdings sehr seltenen – limnischen Eruption das Leben der Menschen in seiner Umgebung gefährden. In jüngster Zeit wurde mithilfe europäischer Firmen der Versuch unternommen, zur Energiegewinnung das

Methangas unter dem See auszubeuten. Aus Spalten im Boden des Kivusees entleerte sich just an der Stelle, an der das Mädchen verschwunden war, in Abständen immer wieder eine Gasblase und verdrängte das Seewasser unterhalb eines Schwimmers, der keinen Auftrieb mehr hatte und in freiem Fall etwa 15 bis 20 Meter tief zum Grund des Sees stürzte.

Dies war nicht das erste Mal, dass ein Schwimmer so umgekommen war. Das Mädchen, das ich versuchte wiederzubeleben, wurde mit einem Krankenwagen in ein in der Nähe befindliches Hospital gebracht. Am folgenden Tag erkundigte ich mich telefonisch nach seinem Befinden. Es befand sich immer noch in einem kritischen Zustand und hatte das Bewusstsein noch nicht wieder erlangt.

Auf dem Weg zurück nach Butare fuhren wir an einem Waisenhaus vorbei, in dem elternlose Kinder von zahlreichen Schwestern betreut wurden. Es waren Kinder, die manchmal durch die Ereignisse des Völkermordes oder auch durch

den Tod der Eltern nach deren HIV-Erkrankung zu Waisen geworden waren. Wir gaben der Heimleiterin zur Unterstützung ihrer aufopferungsreichen Arbeit einen Geldbetrag, da sie keine Hilfe durch den Staat erwarten konnte.

Während wir zurück nach Butare fuhren, genossen wir das erstaunliche Panorama des Landes der 1000 Hügel.

Meine Erinnerungen an Ruanda

Meine Zeit als Arzt in Afrika liegt nun Jahre zurück. Afrika hat während der Zeit, die ich in Ruanda verbracht habe, mein Herz erobert.

Meine 4 Jahre, während derer ich im Auftrag des Deutschen Entwicklungsdienstes DED (heute Gesellschaft für Internationale Zusammenarbeit, GIZ) als Arzt und „Senior Expert" in der Universitätsklinik von Butare gearbeitet hatte, sind lange vorbei. Ich habe meinen ursprünglich auf 2 Jahre befristeten Vertrag auf Wunsch der Klinik 2-mal verlängert. Insgesamt habe ich 4 Jahre in Ruanda gelebt und gearbeitet. Als ich nach Deutschland zurückging, war ich überzeugt, dass mein Leben ärmer geblieben wäre ohne meine Jahre in Afrika.

Ich habe die Menschen dort kennen und vielleicht auch ein wenig verstehen gelernt. Ich habe von unfassbarer Grausamkeit erfahren und mich mehr als einmal gefragt, wie viel Schuld die Europäer auf sich geladen haben, als sie das Leben der Afrikaner gestört und sie in ihre europäischen Kriege hineingezogen haben. Die Weißen haben ihnen Grausamkeit gezeigt und Armut und Verunsicherung gebracht. Und sie haben den Afrikanern die ewige Sehnsucht in ihre Herzen gepflanzt, so zu werden wie sie. Niemals habe die indigenen Völker erfahren, dass das Leben der Weißen nicht das reinste Paradies ist und manche von ihnen das einfache und aus Sicht der Europäer unbeschwerte Leben der Afrikaner ihrem eigenen problembeladenen Dasein vorziehen würden.

Natürlich kann niemand das Rad der Geschichte um 1000 Jahre zurückdrehen. Aber wie wäre es gewesen, wenn die Europäer ihnen früher mit Verständnis und Achtung begegnet wären statt mit Überheblichkeit und Verachtung?

Ich weiß, dass dies nur Gedankenspiele sind, die niemals und nirgendwo Realität werden konnten.

Während der wenigen Jahre, die ich dort verbracht habe, konnte ich einen Teil der herrlichen Natur dieses Kontinents kennenlernen und seine Verletzlichkeit ahnen. Ich glaube, ich habe verstanden, dass man nicht das komplizierte Zusammenspiel aller Teile der Natur Afrikas stören kann, ohne die Harmonie des Ganzen für immer zu gefährden.

Ich habe einen Teil meines Lebens nach Afrika verschenkt. Ich habe mir in Tansania am Indischen Ozean ein Haus gekauft und versucht, das Leben in einem kleinen Suaheli-Dorf mitzuerleben.

Vor langer Zeit hatten die Deutschen dort einen Hafen an der Mündung eines Flusses gebaut, der an den Hängen des

Kilimandscharo entspringt. Und ich habe während meiner Zeit dort ein braun-weißes Mädchen gezeugt, das ich für immer lieben werde und dessen Existenz ich nicht eine Sekunde bereut habe. Sie lebt nun seit vielen Jahren in Deutschland, geht hier zur Schule und spricht unsere Sprachen fließend und akzentfrei. Ich habe immer Wert daraufgelegt, dass sie die Sprache, die Kultur und die Menschen ihres Heimatlandes nicht vergisst, nicht jetzt und nicht in ihrem künftigen Leben.

Die hohe Feuersäule über dem Nyiragongo, die den Himmel zu verbrennen scheint, zeigt den Ort an, wo alles geschah.

Silke, die Tochter des Autors, die seit 2014
mit ihrem Vater in Deutschland lebt.

SCHLUSSBEMERKUNGEN

Die Nachbarn

Am Grenzübergang von Uganda nach Ruanda stand eine lange Menschenschlange. Ich hatte in Kampala, der Hauptstadt Ugandas, einen Besuch gemacht, hatte auf dem Rückweg im Windsor-Lake-Hotel in Entebbe 2 Tage Rast eingelegt und stand nun nach der 500 Kilometer langen Strecke mit 3 Dutzend von Wartenden vor dem Schalter, an dem ich den Einreisestempel in meinen roten Diplomatenpass bekommen sollte. Die meisten Leute, die vor mir warteten, waren Afrikaner aus den Nachbarländern, was ich an den Reisepässen erkennen konnte. Die Pässe mussten an dem Schalter abgegeben werden und wurden nach einigen Minuten mit dem Einreisestempel zurückgegeben. Alles funktionierte reibungslos, bis die Reihe an 2 Reisende aus Tansania kam, deren Pässe den Wartenden nicht in die Hände gegeben, sondern vor ihnen auf den lehmigen Boden geschleudert wurde. Hierzu musste der Grenzbeamte sich sogar ein Stück weit aus dem Fenster beugen. Die beiden Tansanier bückten sich wortlos, hoben ihre Pässe vom Boden auf und gingen davon, ohne den Beamten hinter seinem Fenster eines Blickes zu würdigen. Das Verhalten des ruandischen Grenzbeamten hatte mich überrascht und war für mich ebenso unverständlich wie die Reaktion der beiden tansanischen Reisenden, da kein aktueller Streit die Ursache sein konnte. Viel eher musste eine tiefsitzende Animosität zwischen den beiden Völkern, die ihre Ursache in der jüngsten Vergangenheit hatte, der Grund für das Verhalten des Grenzers sein.

Es war das Jahr 2005. Ich lebte und arbeitete damals seit 2 Jahren in Ruanda. Meine tansanische Ehefrau hatte mich hierher begleitet. Sie war aber inzwischen in ihr Heimatland zurückgekehrt, da ihre Konflikte mit der hiesigen Bevölkerung sich ständig häuften. Besonders die ruandischen Frauen hatten es sich angewöhnt, sie bei jeder Gelegenheit zu beleidigen, wobei sie allerdings nicht wussten, dass meine Frau sie sehr wohl verstand, obwohl sie die Landessprache Kinyarwanda nicht beherrschte. Aber es war eine Bantusprache wie ihre Muttersprache, das Kisuaheli, und sie verstand das Gesprochene etwa so gut wie wir das Niederländische.

Mich irritierte während meiner Tätigkeit in der ruandischen Universitätsklinik, dass zwischen dieser Klinik und belgischen und vereinzelt auch französischen Universitätskliniken ein lebhafter Kontakt bestand. Belgische Dozenten kamen und hielten Vorlesungen, ruandische Ärzte und Studenten flogen nach Europa, um sich weiterzubilden und blieben oft genug für immer dort. Es gab jedoch keinen einzigen Kontakt zwischen der ruandischen Universitätsklinik und Kliniken anderer afrikanischer Länder, auch nicht zu Kliniken der unmittelbaren Nachbarländer Uganda und Tansania.

Ich selbst hatte im Jahr 2002 die Gelegenheit, ein 4-wöchiges Praktikum zusammen mit dem Tropeninstitut der Berliner Humboldtuniversität im Klinikum der Tumaiini-Universität, dem Kilimanjaro Christian Medical Center KCMC, in Moshi/Tansania, durchzuführen. Meine Idee war nun, meine Kontakte dorthin zu nutzen, um zwischen der ruandischen Universitätsklinik und dem KCMC eine Kooperation einzurichten. Ich besprach meine Idee mit der Landesdirektorin des DED und erhielt ihre Zustimmung. Nun musste ich mich mit dem ruandischen Gesundheitsministerium in Verbindung setzten, denn ich brauchte natürlich eine Einladung der ruandischen Regierung zu den Repräsentanten der Tumaini-Universität. Ich vereinbarte einen Termin mit einem Staatssekretär des ruandischen Gesundheitsministeriums in Kigali,, einem ehemaligen Militärarzt, und erläutere ihm in allen Einzelheiten mein Vorhaben. Zu meiner Überraschung stand er auf, nachdem er mir aufmerksam zugehört hatte, und umarmte mich. Dies sei genau das, was er und seine Regierung schon lange vorgehabt hätten. Er sei hocherfreut über meinen Vorschlag und werde ihn unverzüglich seinem Staatspräsidenten vortragen. Ich bat ihn nun, eine offizielle Einladung an den Leiter des KCMC zu verfassen, die ich persönlich nach Tansania bringen würde. Nach wenigen Tagen erhielt ich das erbetene Papier und machte mich mit meiner Frau auf den Weg nach Tansania.

Es dauerte 4 Tage, bis wir in Moshi im Kilimanjaro Christian Medical Center ankamen. Meine Frau nutze die Gelegenheit, um in ihrer dortigen Heimatstadt ihre Mutter und Schwester zu besuchen. Ich meldete mich beim Direktor des Kilimanjaro Christian Medical Centers an und überreichte ihm die Einladung der ruandischen Regierung zu einem Besuch in Kigali. Meine Absicht war, zwischen den beiden Universitäten einen Vertrag zu einer künftigen dauerhaften Kooperation auszuhandeln. Die Antwort des hochrangigen Professors überraschte mich sehr. Er fragte mich ernsthaft, ob es nicht gefährlich sei, nach Ruanda zu reisen, angesichts der Dinge, die sich in der Vergangenheit dort zugetragen hatten. Nun wurde es mir klar, dass das Massaker in Ruanda während des Genozids bei den afrikanische Nachbarn Unverständnis und Entsetzen hervorgerufen hatte. Die Mörder hatten damals die Leichen ihrer Opfer in den Kagera-Fluss geworfen, der sie massenweise in den Viktoriasee transportiert hatte. Die Nachbarvölker, welche die Leichen aus dem See bergen mussten, empfanden ein tiefes Grauen angesichts dessen, was sich in Ruanda abgespielt hatte. Selbst der schwarze, südafrikanische Erzbischof Desmond Tutu, der kurz nach dem Genozid nach Ruanda gekommen war, fragte in einem Stadion mit Tausenden von Zuhören: „Are you crazy?". Nachdem er diese Frage 3-mal gestellt hatte und endlich als Antwort ein vielstimmiges „No" bekam, fragte er dann weiter, warum um Gottes Willen sie dann eine Million ihrer Landsleute gemeuchelt hätten.

Auf die Frage des Professors des KCMC antwortete ich lächelnd, ich lebte seit 2 Jahren in diesem Land und er könne wohl sehen, dass ich bisher an Leib und Seele unversehrt geblieben sei. Er brauche also keine Angst vor Übergriffen gegen seine Person zu haben. Er würde außerdem von der dortigen Regierung bestens geschützt.

Ich fuhr nach Ruanda zurück mit der Botschaft, dass eine Delegation aus Tansania erwartet werden könne. Diese kam tatsächlich nach Ablauf von einigen Wochen. Man traf sich in einem edlen Restaurant zum Abendessen, zu welchem ich auch als Initiator des Treffens eingeladen wurde. Der Vertrag zwischen den beiden Universitäten wurde in den folgenden Tagen ausgehandelt und ratifiziert. Ich selbst. wurde für meine Idee und meinen Einsatz von allen Seiten gelobt und bin noch heute erfreut über meinen Erfolg.

ABSCHIED VON RUANDA

4 Jahre lagen hinter uns, als wir im Juni 2007 Abschied nahmen. „Wir", das waren der deutsche Chirurg, der aufopfernd Tag und Nacht in der Klinik gearbeitet hatte, und ich, der in der Medizinischen Klinik für Patienten und Studenten gearbeitet hatte. Zu meinen Aufgaben gehörten das „bedside-teaching" mit Studenten, die Vorlesungen, die ich in 2 verschiedenen Bereichen der Inneren Medizin in englischer und französischer Sprache hielt, außerdem die täglichen Untersuchungen mit Ultraschall und Endoskopie des Magen-Darm-Traktes. Meine Kenntnisse sollte ich hierbei an junge Kollegen meines Gastlandes weitergeben. Regelmäßig nahm ich überdies als Prüfer an den 2x jährlich stattfindenden Staatsexamensprüfungen teil. Zu meinen Pflichten gehörte auch die Beratung und Überwachung von Doktorarbeiten, die in Ruanda „Memoires" genannt wurden. Mein chirurgischer Kollege und ich sind zur gleichen Zeit im Jahr 2003 nach Ruanda eingereist, und wir arbeiteten beide in der ältesten Universitätsklinik des Landes. Er und ich haben unsere Verträge mit dem Deutschen Entwicklungsdienst DED auf Wunsch der Klinik 2-mal um jeweils 1 Jahr verlängert.

Wir hatten insgesamt 4 Jahre in Ruanda gelebt und gearbeitet. Nun war es an der Zeit, nach Deutschland zurückzukehren, weil mittlerweile eine große Zahl afrikanische Internisten, von denen einige aus den anglophonen Nachbarländern gekommen waren, in der Klinik tätig waren. Ich hatte deshalb die Überzeugung, dass man mich nicht mehr dringen brauchte, obwohl man mir bei meinem Abschiedsbesuch beim DED in Deutschland später sagte, dass man es begrüßt hätte, wenn ich noch ein weiteres Jahr geblieben wäre. Ein dritter Facharzt, den der DED für einen Einsatz in Ruanda engagiert hatte, war ein niederländischer Gynäkologe, der seinen Einsatz wegen einer furchtbaren Krankheit vorzeitig beenden musste, was alle, die ihn kennengelernt hatten, zutiefst bedauerten. Die Medizinische und die

Chirurgische Klinik hatten für uns zusammen mit der Medizinischen Fakultät der Universität eine Abschiedsparty organisiert, zu der Ärzte, Schwestern, Pfleger und die leitenden Mitarbeiter der medizinischen Abteilung des DED eingeladen waren. Der neue, anglophone Dekan, zu dem ich ein freundschaftliches Verhältnis entwickelt hatte, hielt eine Abschiedsrede, danach die Chefs der Inneren und der Chirurgischen Abteilungen und jeder von uns beiden, die ihre Sachen für die Heimreise bereits gepackt hatten. Mein chirurgischer Kollege sagte zur Freude der Einheimischen, er habe sich in unser Gastland verliebt, während ich, der ich mich dieser abschließenden Beurteilung nicht anschließen wollte, wahrheitsgemäß versicherte, dass ich mich in den 4 Jahren meiner Arbeit in und für die Klinik zu Hause gefühlt hatte, „I felt at home". Die Jahre in Ruanda hatten mein Leben bereichert.

Gewiss würde ich zu Besuch wiederkommen, zumal einige meiner Doktoranten mich gebeten hatten, zur Präsentation ihrer Arbeit unbedingt zu erscheinen. Würde ich möglicherweise auch wiederkommen, um für immer zu bleiben, zumal ich in dem Land Vater einer Tochter geworden war? Das sicher nicht, weil ich in dem kleinen, überbevölkerten Land oft ein Gefühl von Platzangst verspürt hatte. Aber ich hatte im Land und in der Klinik Freunde gefunden, die ich gewiss gern wiedersehen würde. Und ich hatte für die Menschen, deren Leiden und Schmerz ich in der Vergangenheit erfahren hatte, eine tiefe Sympathie entwickelt, die mich künftig begleiten würde.

Der Autor

Der in Essen geborene Autor begann nach dem
Besuch eines neusprachlichen Gymnasiums
mit einem Medizinstudium, das er in Münster
und Innsbruck absolvierte. Nach seiner
Facharztausbildung führte er 27 Jahre lang eine
eigene Praxis in Essen. Anschließend war er vier
Jahre für den Deutschen Entwicklungsdienst in
Afrika tätig. Seine Entspannung in der Freizeit
findet der Vater von drei Kindern auf Reisen, beim
Reiten und Segeln.

novum **VERLAG FÜR NEUAUTOREN**

Der Verlag

Wer aufhört besser zu werden, hat aufgehört gut zu sein!

Basierend auf diesem Motto ist es dem novum Verlag ein Anliegen, neue Manuskripte aufzuspüren, zu veröffentlichen und deren Autoren langfristig zu fördern. Mittlerweile gilt der 1997 gegründete und mehrfach prämierte Verlag als Spezialist für Neuautoren in Deutschland, Österreich und der Schweiz.

Für jedes neue Manuskript wird innerhalb weniger Wochen eine kostenfreie, unverbindliche Lektorats-Prüfung erstellt.

Weitere Informationen zum Verlag und seinen Büchern finden Sie im Internet unter:

www.novumverlag.com

novum ◢ VERLAG FÜR NEUAUTOREN

Bewerten
Sie dieses Buch
auf unserer
Homepage!

www.novumverlag.com